AF745834

www.ingramcontent.com/pod-product-compliance
Lightning Source LLC
LaVergne TN
LVHW010843051026
849532LV00007B/2808
9789369082438

عورتوں کا مقام

احادیث نبویہ ؐ کی روشنی میں

(ایک سو احادیث کا مجموعہ)

مولف:

ابو العطاء جالندھری

© Abul Ata Jalandhari
AurtoN ka maqaam Ahadees ki raushni mein
by: Abul Ata Jalandhari
Edition: October '2025
Publisher :
Taemeer Publications LLC (Michigan, USA / Hyderabad, India)

ISBN 978-93-6908-243-8

مولف یاناشر کی پیشگی اجازت کے بغیراس کتاب کا کوئی بھی حصہ کسی بھی شکل میں بشمول ویب سائٹ پر اَپ لوڈنگ کے لیے استعمال نہ کیا جائے۔ نیزاس کتاب پر کسی بھی قسم کے تنازع کو نمٹانے کا اختیار صرف حیدرآباد (تلنگانہ) کی عدلیہ کو ہو گا۔

© ابو العطاء جالندھری

کتاب	:	**عورتوں کا مقام احادیث کی روشنی میں**
مولف	:	**ابو العطاء جالندھری**
صنف	:	مذہب
ناشر	:	تعمیر پبلی کیشنز (حیدرآباد، انڈیا)
سالِ اشاعت	:	۲۰۲۵ء
صفحات	:	۹۰
سرورق ڈیزائن	:	تعمیر ویب ڈیزائن

فہرست

بسم اللہ الرحمٰن الرحیم
نحمدہ و نصلی علٰی رسولہ الکریم

الحمد للہ رب العٰلمین والصلوٰۃ والسلام علٰی
محمد سید الانبیاء و خاتم المرسلین

مُقامَاتُ النِّسَآءِ

فِي

اَحَادِیثِ سَیِّدِ الاَنبِیَآءِ صلی اللہ علیہ وسلم

تمہید از مؤلف!

اِسلام کے ظہور سے قبل عورت کی حالت ناگفتہ بہ تھی۔ اُس وقت کی متمدن اور غیر متمدن دنیا میں عورت کی حیثیت بالعموم حیوانات کی مانند تھی۔ مذہبی اور تمدنی دُنیا میں اسے کوئی قابل ذکر مقام حاصل نہ تھا۔ اسلام وہ پہلا مذہب ہے جس نے مکمل طور پر عورت کے حقوق کو قائم کیا۔ اسے مذہبی اور رُوحانی لحاظ سے مرد کے مساوی قرار دیا تمدنی زندگی میں اسکی مستقل اور نمایاں حیثیت قائم کی۔ اس کے

مالکانہ اختیارات کا اعلان کیا۔ اس کی ذمہ داریوں اور اس کے حقوق کو مقدس فریضہ کے طور پر آسمانی کتاب کا جزو بنا دیا۔ یہ مضمون ایک مستقل ضخیم کتاب میں بیان ہو سکتا ہے۔

اسلام کا ظہور سچ مچ عورت کی حقیقی آزادی، اس کے مقام، اور اس کی استعدادوں کے روحانی، معنوی اور مادی طور پر ظاہر ہونے کا دور ہے۔ اسلام میں لڑکی کی پیدائش پر ماتم اور نوحہ شروع نہیں ہو جاتا جس طرح پہلے ہوتا تھا بلکہ "الحمد للہ" کہا جاتا ہے۔ (حدیث نمبر ۱) لڑکیوں کو زندہ درگور کرنے کی بدعادت کا انسداد ہو جاتا ہے (حدیث نمبر ۵) ہر ماں باپ حصولِ جنت کے لئے بچیوں کی پرورش، ان کی دلداری اور ان سے حسنِ سلوک کو اپنے اوپر لازم قرار دیتے ہیں۔ (حدیث ۱۵، ۱۶، ۱۷، ۱۸، ۱۹) بھائی بہنوں کی تربیت اور تکریم کو اپنا فرض جانتے ہیں (حدیث خاوند اپنی بیویوں سے بہترین معاملہ کرنے اور ان کی دلجوئی کو اپنی نیکی کا معیار سمجھتے ہیں۔ (حدیث نمبر ۲۳) بچے اپنی ماؤں کے قدموں کے نیچے جنت یقین کرتے ہیں (حدیث نمبر ۲) غرض اسلام نے نسوانی دُنیا کی کایا پلٹ دی۔ اور عورت کا احترام اور اس کی عزت کو ہر حیثیت میں قائم کیا۔ عورت کی عزت اسلامی نقطۂ نگاہ سے ہر مومن پر فرض ہے۔ اسلام نے ازدواجی تعلق کو ایک مقدس رشتہ اور پاکیزہ عہد قرار دیا ہے۔

یہ ایک حقیقت ہے کہ عورت کی ذات پر مقدس بانیٔ اسلام حضرت محمد مصطفےٰ صلی اللہ علیہ وسلم کے ذریعہ وہ احسان ہوا جس کی مثال کسی اور نبی کی زندگی میں بھی نہیں مل سکتی۔ آپؐ نے عام انسانوں کو عموماً اور عورتوں کو خصوصاً انسانیت کے اعلےٰ اور بلند مقام پر پہنچا دیا۔

اسلام میں عورتیں دُنیوی ترقی کے ساتھ ساتھ روحانیت کے ارفع

معراج تک پہنچی ہیں۔ اور آئندہ بھی یہ دروازہ کھلا ہے۔ قرآن مجید کی ہدایات اور سرورِ کائنات محمدؐ عربی صلی اللہ علیہ وسلم کے ارشادات کی روشنی میں عورتیں مقدس نسوانیت کے ارتقائی منازل کو حاصل کرتی رہی ہیں اور رہتی دُنیا تک یہ سلسلہ جاری رہے گا۔ انشاء اللہ۔

مغربی دُنیا عرصۂ دراز تک عورت کو مظالم کا تختۂ مشق بناتی رہی ہے۔ اب اس کا ردِ عمل جاری ہے۔ جس میں مغرب زدہ عورتیں نسوانیت کی حدود کو پھاند کر بظاہر ترقی یافتہ مگر درحقیقت ایک مبتذل شئے کی حیثیت حاصل کر رہی ہیں۔ اسلام فطرت کا مذہب ہے۔ وہ ہر قسم کی افراط و تفریط سے پاک ہے۔ وہ عورت کے حقوق کی حفاظت اور اُسکے صحیح جذبات کے نشوونما اور ارتقاء کا حامی ہے۔ وہ عورت کو تمام وہ حقوق و اختیارات دیتا ہے جو اُسکی پاکیزہ نسوانیت کے پنپنے کے لئے ضروری ہیں۔ ہاں دینِ فطرت ہونے کی وجہ سے وہ اُسے اُن زہروں کے کھانے سے ضرور روکتا ہے جو اُسکی حقیقی حیاتِ نسوانی کیلئے موت کا حکم رکھتی ہیں۔ دُنیا تلخ تجارب کے بعد جلد یا بدیر اِس معاملہ میں بھی آخر اسی شاہراہ پر آئے گی جو آسمان سے نازل ہونے والی کامل کتاب قرآن کریم نے قایم کی اور جس پر ہمارے آقا و مولا حضرت خاتم المرسلین محمدؐ مصطفےٰ صلی اللہ علیہ وسلم نے عمل پیرا ہو کر بہترین اُسوہ قائم فرمایا ہے۔

تمام مومنوں کے لئے آنحضرت صلی اللہ علیہ وسلم کی حیاتِ طیبہ اور مبارک کلمات مشعلِ راہ ہیں۔ آپؐ کا عورتوں کے متعلق عملی نمونہ (خَیْرُکُمْ خَیْرُکُمْ لِاَھْلِہٖ وَاَنَا خَیْرُکُمْ لِاَھْلِیْ) قربِ الٰہی کے حصول کا بے نظیر ذریعہ ہے۔ احادیث نبویہ میں اِس بارے میں کافی ذخیرہ موجود ہے۔ اِس رسالہ "مقامات النساء

فی احادیث سید الانبیاء" میں صرف بقصد شناء احادیث کو جمع کیا گیا ہے۔ اس "قطرہ از بحارے" سے عیاں ہے کہ ہمارے آقا صلے اللہ علیہ وسلم ماں، بہن، بیوی، بہو، بیٹی اور عام عورتوں کا کیا مرتبہ سمجھتے تھے اور عملی زندگی میں اس کا کس طرح اظہار فرماتے تھے۔ اور مرد و عورت میں سے ہر ایک کو موقع اور محل کے مطابق کس طرح ہدایت فرماتے تھے۔ اہل ایمان کا فرض ہے کہ حضور علیہ الصلوٰۃ والسلام کے نمونہ کی پیروی کریں۔ غیر مسلموں کے لئے بھی یہ احادیث عورتوں کے بارہ میں اسلامی نقطۂ نگاہ کو واضح کرنیوالی ہیں۔ میں یقین رکھتا ہوں کہ یہ مجموعہ اللہ تعالیٰ کے فضل سے ہر لحاظ سے یعنی تعلیم و تربیت اور تبلیغ کیلئے مفید و بابرکت ثابت ہوگا۔ اے اللہ تو ایسا ہی کر۔ آمین!

خاکسار

ابوالعطاء جالندھری نزیل کوہ مری

۱۰ر شوال سنہ ۱۳۶۸ھ

۸/۶/۴۹

عورتوں کا مقام

احادیث نبویہؐ کی روشنی میں

پہلا باب

والدہ کے متعلق احادیث نبویہ

(1) حضرت مقدام رضؓ بن معدیکرب بیان کرتے ہیں کہ انہوں نے رسول مقبول صلی اللہ علیہ وسلم کو ارشاد فرماتے ہوئے سنا کہ اے لوگو! اللہ تعالیٰ تم کو اپنی ماؤں کے ساتھ اچھا سلوک کرنے کی تاکید فرماتا ہے پھر دوبارہ سن لو کہ اللہ تعالیٰ تم کو اپنی ماؤں کے ساتھ اچھا سلوک کرنے کے بارے میں تاکید فرماتا ہے۔ اور اس کے بعد وہ تمہیں اپنے باپوں کے ساتھ اچھے سلوک کا حکم دیتا ہے اور پھر درجہ بدرجہ ہر رشتہ دار سے حسن سلوک کی وصیت فرماتا ہے

(الادب المفرد البخاری)

تشریح :- اس حدیث سے ظاہر ہے کہ جملہ رشتہ داروں میں سے ماں کے ساتھ حسنِ سلوک کو سب پر مقدم رکھا گیا ہے اور اس بارے میں اللہ تعالیٰ کی طرف سے مسلمانوں کو بار بار تاکیدی حکم دیا گیا ہے اور پھر ماؤں کے بعد باپوں اور پھر دوسرے رشتہ داروں کے ساتھ حسنِ سلوک کی تاکید کی گئی ہے ؀

(۲) حضرت ابوہریرہؓ سے مروی ہے کہ ایک شخص رسول خدا صلی اللہ علیہ وسلم کے پاس آیا اور اس نے آپؐ سے پوچھا کہ اے رسولِ خدا میرے حسنِ معاملہ اور نیک سلوک کا سب سے زیادہ کون مستحق ہے ؟ حضور علیہ السّلام نے فرمایا کہ "تمہاری والدہ"۔ اس نے دریافت کیا کہ پھر اس کے بعد کون زیادہ مستحق ہے ؟ آنحضرت صلی اللہ علیہ وسلم نے پھر فرمایا کہ "تمہاری والدہ"۔ اس شخص نے تیسری مرتبہ پوچھا کہ پھر اس کے بعد کون مستحق ہے ؟ رسول مقبولؐ نے پھر یہی جواب دیا کہ "تمہاری والدہ"۔ چوتھی مرتبہ اس شخص نے عرض کیا کہ یا رسول اللہ! پھر آخر ماں کے بعد کون زیادہ مستحق ہے ؟ آنحضرت صلی اللہ علیہ وسلم نے فرمایا کہ پھر تمہارا والد سب سے زیادہ مستحق ہے ؀ (صحیح البخاری)

تشریح :- اس حدیث کے مطابق بھی ماں کے ساتھ حسنِ سلوک کا مرتبہ سب سے اعلیٰ ہے۔ حتیٰ کہ باپ کے ساتھ حسنِ معاملہ کو بھی آنحضرت صلی اللہ علیہ وسلم نے مقابلۃً چوتھی مرتبہ ذکر فرمایا ہے

مگر یہ بات یاد رکھنی چاہیئے کہ یہاں صرف حسنِ سلوک کا سوال ہے ورنہ اطاعت اور فرمانبرداری کے معاملہ میں باپ ماں پر مقدم ہے

(۳) مشہور صحابی حضرت انس رضؓ روایت کرتے ہیں کہ رسولِ پاک صلی اللہ علیہ وسلم نے فرمایا کہ جنت ماؤں کے قدموں کے نیچے ہے۔ (کنز العمال)

تشریح:۔ والدہ کی اطاعت کی تاکید اس سے بڑھ کر الفاظ میں اور کیا ہوگی؟ یہ ایک حقیقت ہے کہ ماں کی خدمت کا ثواب اس سے زیادہ واضح الفاظ میں بیان کرنا ممکن نہیں۔

(۴) حضرت اسماء بنت حضرت ابی بکر رضؓ بیان کرتی ہیں کہ آنحضرت صلی اللہ علیہ وسلم کے عہد مبارک میں ایک دفعہ میری والدہ میرے پاس آئیں اور وہ ابھی تک مشرک تھیں اور مسلمان نہیں ہوئی تھیں۔ میں نے رسول مقبول صلی اللہ علیہ وسلم سے دریافت کیا کہ میری والدہ محبت کے جذبات کے ماتحت آئی ہیں۔ کیا میں صلہ رحمی کے طور پر ان سے (اس حالتِ شرک میں) حسنِ سلوک کر سکتی ہوں؟ آپؐ نے فرمایا کہ ہاں ہاں اپنی والدہ سے ضرور حسنِ سلوک کرو۔

(صحیح البخاری)

تشریح:۔ اسلامی شریعت کے مطابق شرک کرنا سب سے بڑا گناہ ہے لیکن مومنوں کو حکم ہے کہ مشرک ماں کے ساتھ بھی حسنِ سلوک کرو۔

۵

حضرت مغیرہ رضؓ روایت کرتے ہیں کہ نبی کریم صلی اللہ علیہ وسلم نے فرمایا کہ اے لوگو! اللہ تعالےٰ نے تم پر حرام کر دیا ہے کہ (۱) ماؤں کی حکم عدولی اور حق تلفی کرو (۲) نیز یہ کہ ایک طرف اپنی ذمہ داریوں کی ادائیگی سے گریز کرو اور دوسری طرف ناجائز مطالبات کرو۔ (۳) نیز یہ بھی حرام کیا گیا ہے کہ لڑکیوں کو زندہ دفن کردو۔ (۴) نیز فرمایا کہ اللہ تعالیٰ کو یہ بات ناپسند ہے کہ تم ہر سنی سنائی بات "قیل کذا وقال فلان" کہہ کر روایت کرتے پھرو۔ یا (۵) یونہی بے جا سوال کرتے رہو یا (۶) اپنے مال کو بے جا طور پر ضائع کرو۔
(مسلم)

تشریح :- اس حدیث میں منجملہ اور امور کے ماں کی نافرمانی اور لڑکیوں کا زندہ درگور کرنا اسلام میں حرام قرار دیا گیا ہے۔ ان افعال کے مرتکب لوگ سخت سزا کے مستحق ہوں گے۔

۶

حضرت عمر رضؓ بیان کرتے ہیں کہ ایک مرتبہ آنحضرت صلی اللہ علیہ وسلم کے پاس کچھ جنگی قیدی لائے گئے ان قیدیوں میں ایک عورت بھی تھی جو گھبراہٹ کی حالت میں ادھر اُدھر دوڑتی پھرتی تھی۔ جونہی اُسے اُن قیدیوں میں کوئی بچہ ملتا وہ اُسے اٹھا کر اپنی چھاتی سے لگا لیتی اور اُسے دُودھ پلانا شروع کر دیتی۔ رسول مقبول صلی اللہ علیہ وسلم نے (یہ نظارہ دیکھ کر فرمایا کہ کیا آپ لوگ خیال کر سکتے ہیں

یہ عورت اپنے بچے کو آگ میں پھینکنے پر رضامند ہو سکتی ہے؟ راوی کہتے ہیں کہ ہم نے عرض کیا کہ بخدا ایسا نہیں ہو سکتا اِس پر آنحضرت صلی اللہ علیہ وسلم نے فرمایا کہ جتنا رحم اس ماں کو اپنے بچے پر آتا ہے اس سے بدرجہا زیادہ اللہ تعالیٰ اپنے بندوں پر رحم کرنے والا ہے۔ (بخاری و مسلم)

تشریح:۔ ماں کی مامتا کے اِس منظر نے رحمۃ للعالمین صلی اللہ علیہ وسلم کے دل میں ایک ہیجان پیدا کر دیا۔ آپؐ نے صحابہ کرامؓ کو بھی اِس احساس میں شریک کیا گویا اللہ تعالیٰ کی بے پایاں محبت اور اُس کے بے انتہا رحم کے تصور کے لئے حضور علیہ السلام کو اِس دنیا میں اگر کوئی مثال مِل سکی تو وہ اس مامتا کی ماری ماں کی مثال تھی جس کا بچہ قیدیوں کے گھمسان میں گم ہو گیا تھا۔ ماں کی محبت اور شفقت کے مقام کی اِس سے زیادہ لطیف تعبیر کیا ہوگی کہ اس کی محبت کو خدا کی محبت سے تشبیہہ دی گئی ہے۔

(7) **حضرت ابو الطفیلؓ** بیان کرتے ہیں کہ میں نے دیکھا کہ رسول کریم صلی اللہ علیہ وسلم جعرانہ مقام پر گوشت تقسیم فرما رہے تھے۔ اُن ایام میں مَیں نوجوان تھا اور میں اونٹ کے گوشت کا ایک ٹکڑا اُٹھائے جا رہا تھا کہ اتنے میں وہاں ایک عورت آ گئی۔ آنحضرت صلی اللہ علیہ وسلم نے اُسے دیکھتے ہی اُس کے بیٹھنے کے لئے اپنی چادر بچھا دی۔ میں نے دریافت کیا کہ یہ کون خاتون ہیں جنکے لئے آنحضرت صلی اللہ علیہ وسلم

نے اتنی محبت اور اکرام کا اظہار کیا ہے؟ کسی نے بتلایا کہ یہ حضورؐ کی رضاعی والدہ ہیں جنہوں نے بچپن میں آپ کو دودھ پلایا تھا۔ (الادب المفرد البخاری)

تشریح: آنحضرت صلی اللہ علیہ وسلم کی حقیقی والدہ ماجدہ کا آپؐ کی صغر سنی میں ہی انتقال ہو گیا تھا۔ رضاعی والدہ کا یہ اعزاز بتلاتا ہے کہ حضورؐ کی نظر میں حقیقی والدہ کا کیا مقام ہوگا

(۸)

حضرت انسؓ فرماتے ہیں کہ ایک عورت حضرت عائشہ کے پاس آئی۔ انہوں نے اس عورت کو تین کھجوریں دیں۔ اس عورت نے اپنے دونو بچوں کو ایک ایک کھجور دے دی اور تیسری کھجور اپنے لئے رکھ لی۔ دونو بچوں نے دونو کھجوریں کھا کر پھر اپنی ماں کی طرف دیکھنا شروع کر دیا۔ ماں نے اپنے حصّہ کی کھجور کے بھی دو ٹکڑے کئے اور ہر بچّہ کو آدھی آدھی کھجور دے دی (اور خود کچھ نہ کھایا) جب رسولِ اکرم صلے اللہ علیہ وسلم گھر تشریف لائے تو حضرت عائشہؓ نے اس واقعہ کی اطلاع حضورؐ کو دی۔ حضورؐ نے فرمایا عائشہ! تم کیا تعجب کرتی ہو۔ (ماں کی مامتا ایسی ہی ہوتی ہے) مگر تم خدا کی محبت کی طرف دیکھو کہ اللہ تعالیٰ نے بھی اس عورت کو اُسکے اپنے بچوں سے اس مشفقانہ سلوک کے نتیجہ میں اپنی رحمت کے دامن میں ڈھانپ لیا ہے۔

(الادب المفرد البخاری)

تشریح: حضرت عائشہ رضؓ کے ہاں اُس وقت ان تین کھجوریں کے سوا کھانے کی کوئی چیز نہ تھی۔ مگر حضرت عائشہ رضؓ نے اپنی ضرورت کو قربان کرکے یہ کھجوریں اُس عورت کو دے دیں اور آگے ماں نے یہ محبت اور قربانی دکھائی کہ اپنی خوراک بچوں کے حوالہ کردی اور بالآخر خدا کی رحمت نے جوش مارا اور ان بچوں کی ماں کو اپنی آغوش میں لے لیا۔ اللہ اللہ! رحمت کا کیسا مبارک دور ہے!!

(۹) حضرت عائشہ رضؓ روایت کرتی ہیں کہ ایک شخص نے آنحضرت صلی اللہ علیہ وسلم کی خدمت میں عرض کیا کہ یا رسول اللہ! میری والدہ اچانک فوت ہوگئی ہے۔ میرا خیال ہے کہ اگر اُسے بات کرنے کا موقع ملتا تو وہ ضرور کچھ نہ کچھ صدقہ کرتی اب اگر میں اپنی والدہ کی طرف سے کچھ خیرات کروں تو کیا میری والدہ کو ثواب حاصل ہو سکے گا؟ حضور علیہ السلام نے فرمایا کہ ہاں ہاں ضرور ہوگا۔
(مسلم)

تشریح بعد وفات ماں باپ کے لئے دُعا کے علاوہ اُنکی طرف سے صدقہ دینا بھی اُن کی مغفرت اور ترقی درجات کا موجب ہے۔ خصوصاً جب کہ ماں باپ خود بھی اپنی زندگی میں اس قسم کی نیکی کے عادی رہے ہوں۔

(۱۰) حضرت ابوہریرہ رضؓ سے روایت ہے کہ ایک

عورت اپنا بچہ لے کر حضور علیہ السلام کی خدمت میں حاضر ہوئی اور عرض کیا کہ حضور اِس بچے کے لئے دُعا فرمائیں میں اِس سے پہلے تین بچوں کی وفات کا صدمہ اُٹھا کر انہیں اپنے ہاتھوں دفن کر چکی ہوں۔ آنحضرت صلی اللہ علیہ وسلم نے فرمایا۔ اے خاتون! تب تو تم نے جہنم کی آگ سے بچنے کے لئے ایک مضبوط باڑ تیار کر لی ہے۔

(الادب المفرد)

تشریح :- اس حدیث سے پتہ لگتا ہے کہ جس مومن ماں کے تین بچے فوت ہو گئے ہوں اور اُس نے ہر موقع پر خدا کی خاطر صبر سے کام لیا ہو وہ خدا کے فضل سے یقیناً جنتی ہے۔

(۱۱) حضرت عوف رضی اللہ عنہ بن مالک بیان کرتے ہیں کہ آنحضرت صلی اللہ علیہ وسلم نے فرمایا کہ میں اور وہ سیاہ فام مومن عورت جس کا خاوند فوت ہو گیا اور وہ بیوہ رہ گئی لیکن اُس نے صبر اور ضبطِ نفس کے ساتھ اپنے بچوں کی تربیت کی، جنت میں ایک دوسرے سے ایسے قریب ہوں گے جیسے کہ یہ دو انگلیاں۔ اور یہ الفاظ فرماتے ہوئے آپ نے اپنی دو انگلیاں اٹھا کر آپس میں جوڑ دیں۔

(الادب المفرد)

تشریح :- ایامِ بیوگی میں ضبطِ نفس رکھتے ہوئے بچوں کے

پالنے کے کٹھن فریضہ کو ادا کرنے والی ماں کے لئے یہ بہت بڑی بشارت ہے ؛

(۱۲) حضرت ابن عباسؓ سے مروی ہے کہ رسول کریم صلی اللہ علیہ وسلم روحا کے مقام پر ایک اجنبی قافلہ سے ملے اور آپؐ نے پوچھا کہ آپ کون لوگ ہیں ؟ انہوں نے کہا ہم مسلمان ہیں۔ پھر انہوں نے حضورؐ سے دریافت کیا کہ آپ کون ہیں ؟ حضورؐ نے فرمایا کہ میں اللہ کا رسول ہوں۔ تب ایک عورت نے اپنے ایک چھوٹے بچّے کو حضورؐ کے سامنے کر کے پوچھا کہ کیا اس کا بھی حج ہو سکتا ہے ؟ آنحضرت صلی اللہ علیہ وسلم نے فرمایا کہ ہاں اور تمہیں اس کا اجر ملیگا ؛

(مسلم)

تشریح :- نابالغ بچّے کے حج کا ثواب (جو ماں کی نگرانی میں ہو) ماں کو بھی ملتا ہے۔ ماں کی تربیت کے ماتحت بچوں کی نیکیوں میں ماں باپ بھی ثواب میں شریک ہوتے ہیں ؛

(۱۳) حضرت ابو قتادہؓ سے روایت ہے کہ رسول کریم صلی اللہ علیہ وسلم نے فرمایا کہ میں کئی دفعہ نماز باجماعت میں لمبی قرأت کا ارادہ کرتا ہوں لیکن پھر کسی بچّے کے رونے کی آواز سن کر اپنی نماز کو مختصر کر دیتا ہوں تا لمبی قرأت بچّے کی ماں پر شاق نہ گزرے ؛ (صحیح البخاری)

تشریح:- بچوں کے متعلق ماؤں کے جذبات کا خیال رکھنے کی یہ بے نظیر مثال ہے۔ اور اس حدیث میں دونو شفقتوں کی طرف اشارہ ہو جاتا ہے۔ اوّل ماں کی شفقت بچوں کے لئے اور پھر رسول اللہ صلی اللہ علیہ وسلم کی شفقت بچوں اور بچوں والی ماں کے لئے۔ اللّٰھم صلّ علٰی محمّدٍ و بارک وسلّم۔

(۱۴) حضرت علقمہ رضی اللہ عنہ بیان کرتے ہیں کہ ایک شخص حضرت عبداللہ رضی اللہ عنہ کے پاس آئے اور دریافت کیا کہ اگر گھر میں صرف میری ماں ہو) تو کیا اپنی والدہ کے پاس آتے وقت بھی میں اجازت طلب کیا کروں؟ انہوں نے فرمایا کہ ہاں۔ کیونکہ تمام اوقات یکساں نہیں ہوتے اور ہر حالت میں تم اپنی ماں کو دیکھنا پسند نہ کرو گے۔

(الادب المفرد)

تشریح:- حضرت عبداللہ بن عباس رضی اللہ عنہ کا یہ فتویٰ اسلامی اخلاق و ہدایات کا ایک بہت عمدہ نمونہ ہے۔ اس فتویٰ میں انہوں نے آنحضرت صلی اللہ علیہ وسلم کے ارشادات کو مدنظر رکھ کر ایک ضروری مسئلہ بیان فرمایا ہے اور اس بات کی طرف اشارہ کیا ہے کہ بعض اوقات عورتیں اپنے گھروں کے اندر اوڑھنیاں وغیرہ اُتار کر بے تکلفی کے رنگ میں بیٹھی ہوتی ہیں۔ ایسی حالت میں ایک محرم رشتہ دار کا بے دھڑک اندر چلے جانا بھی پسندیدہ نہیں ہوتا

(۱۵) حضرت ابوذر رضی اللہ عنہ سے روایت ہے کہ رسول اللہ

صلی اللہ علیہ وسلم نے صحابہ رضی اللہ عنہ سے فرمایا کہ تم عنقریب اُس ملک کو فتح کرو گے جہاں قیراط کے پیمانہ کا رواج ہے۔ (دوسری روایت میں ہے کہ حضورؐ نے مُلک مصر کا نام بھی لیا تھا۔) اُس ملک کے باشندوں سے حُسنِ سُلوک کا ضرور خیال رکھنا۔ کیونکہ ان لوگوں کا ہم پر ایک حق ہے اور ان کی صلہ رحمی ہم پر واجب ہے۔

تشریح:۔ آنحضرت صلی اللہ علیہ وسلم نے اہل مصر کے بارے میں جس رشتہ داری کے تعلق کی بناء پر حسنِ سلوک کی تاکید فرمائی وہ یہ ہے کہ حضرت ابراہیم علیہ السلام کی بیوی اور حضرت اسمٰعیل علیہ السلام کی والدہ حضرت ہاجرہ رضی اللہ عنہا مصر کی رہنے والی تھیں اور عرب حضرت اسمٰعیل کی اولاد ہیں۔ گویا ہزاروں سال قبل کے تعلقات کا بھی آنحضرت صلی اللہ علیہ وسلم نے پاس رکھا کیا اس صلہ رحمی کی مثال کسی دوسری جگہ ملتی ہے؟

(۱۶) حضرت براءؓ روایت کرتے ہیں کہ آنحضرت صلی اللہ علیہ وسلم نے فرمایا کہ خالہ بھی گویا ماں کی طرح ہوتی ہے۔
(بخاری)

تشریح:۔ حضرت براءؓ کی لمبی حدیث میں مذکور ہے کہ رسول مقبول صلی اللہ علیہ وسلم نے اپنے مرحوم چچا حضرت حمزہ رضی اللہ عنہ کی خورد سالہ بچی کو اس کی خالہ کے سپرد کرتے ہوئے فرمایا تھا کہ "الخالۃ بمنزلۃ الامّ" گویا خالہ سے بھی ماں کی سی شفقت کی توقع کی جاسکتی ہے اور اس کے مقابل پر بھانجوں

اور بھانجیوں سے خالہ کی ماں کی سی اطاعت کی۔ اس پر دوسرے قریبی رشتہ داروں کا بھی قیاس کیا جاسکتا ہے ؛

(١٧) **حضرت ابن عباسؓ** سے روایت ہے کہ جہینہ قبیلہ کی ایک عورت رسول کریم صلی اللہ علیہ وسلم کے پاس آئی اور عرض کیا کہ میری والدہ نے نذر مانی ہوئی تھی کہ وہ حج کریں گی لیکن وہ فوت ہوگئیں اور حج نہ کر سکیں۔ کیا اب میں اپنی والدہ کی طرف سے حج کر سکتی ہوں۔ آنحضرت صلی اللہ علیہ وسلم نے فرمایا ہاں اپنی والدہ کی طرف سے ضرور حج کرو۔ کیا اگر تمہاری والدہ کے ذمہ کچھ قرضہ ہوتا تو تم اُسے ادا نہ کرتیں ؟ پس اللہ کا قرضہ ادائیگی کا زیادہ حقدار ہے ؛

(صحیح البخاری)

تشریح :۔ اس حدیث سے معلوم ہوا کہ بچے ماں باپ کے مادی روحانی قرضوں کے ادا کرنے کے ذمہ دار ہیں۔ نیز یہ کہ حج بدل ہوسکتا ہے ؛

دوسرا باب

بہنوں کے متعلق احادیثِ نبویہ ﷺ

(۱۸) کلیب رضی اللہ عنہ بن منفعہ نے بیان کیا کہ ایک دفعہ میرے دادا نے رسول اللہ ﷺ سے پوچھا تھا کہ یا رسول اللہ میں کس کس سے حسنِ سلوک کروں؟ آنحضرت صلی اللہ علیہ وسلم نے فرمایا کہ اپنی ماں سے، اپنے باپ سے، اپنی بہن سے، اپنے بھائی سے اور اپنے آزاد کردہ غلام سے جو اس کا حقدار ہے۔ یہ لازمی حق ہے۔ اور یہ سب رشتہ داریاں صلہ رحمی کی مستحق ہیں۔ (الادب المفرد)

تشریح اس حدیث نبوی میں جس طرح باپ کے حق پر ماں کے حق کو مقدم رکھا گیا ہے۔ اسی طرح بہن کے حق کو بھائی کے حق پر مقدم ذکر کیا گیا ہے۔ اس سے ثابت ہوتا ہے کہ جہاں تک حسنِ سلوک کا تعلق ہے عورت رشتہ دار مرد رشتہ دار سے زیادہ حقدار سمجھی گئی ہے۔

(۱۹) حضرت ابوسعید الخدری رضی اللہ عنہ روایت کرتے

ہیں کہ رسول مقبول صلی اللہ علیہ وسلم نے فرمایا کہ جس مومن کی تین بیٹیاں ہوں یا تین بہنیں ہوں اور وہ اُن سے حسنِ سلوک کرے تو وہ خدا کے فضل سے ضرور جنت میں داخل ہوگا۔ (الادب المفرد)

تشریح: بہنوں سے حسنِ سلوک بھی مومن انسان کو جنت کا وارث بنا دیتا ہے۔

۲۰

حضرت عطاءؓ کہتے ہیں کہ میں نے حضرت عبد اللہ ابن عباس سے دریافت کیا کہ جس گھر میں صرف بہنا ہو تو کیا پھر بھی اطلاع و اجازت ضروری ہوتی ہے؟ انہوں نے فرمایا ہاں۔ میں نے دوبارہ عرض کیا کہ میں اپنی دو چھوٹی بہنوں کے متعلق پوچھتا ہوں جو میری تربیت میں ہیں۔ اور میں اُن کا نگران ہوں اور اُن کے اخراجات کا ذمہ دار ہوں۔ کیا اُن کے پاس داخل ہوتے وقت بھی اطلاع اور اجازت ضروری ہے۔ حضرت ابن عباسؓ نے فرمایا کہ ہاں ضروری ہے۔ کیا تم پسند کرو گے کہ اپنی بہنوں کو برہنگی کی حالت میں دیکھو؟ (الادب المفرد)

تشریح: گو والدین کے نہ ہونے کی صورت میں چھوٹی بہنوں کی تربیت بھائیوں کے ذمہ ہے۔ لیکن بہنوں کے گھر میں داخل ہوتے وقت بھی اطلاع و اجازت لازمی قرار دی گئی ہے۔ کیونکہ بسا اوقات عورتیں گھر میں بے تکلفی کے انداز میں اوڑھنی وغیرہ

اُتار کر بیٹھی ہوتی ہیں ۔

(۲۱) حضرت انس رضؓ بیان کرتے ہیں کہ نبی کریم صلی اللہ علیہ وسلم اپنی بیویوں کے گھروں کے علاوہ سارے اہلِ مدینہ میں سے صرف حضرت اُمّ سلیم رضؓ کے گھر میں بالالتزام تشریف لے جاتے تھے۔ بعض لوگوں نے حضور سے اِس بارے میں عرض کیا تو آپؐ نے فرمایا کہ اُمّ سلیم کا بھائی میرے ساتھ مل کر خدا کے راستہ میں لڑتا ہوا شہید ہو چکا ہے اس لئے میرے دل میں اُمّ سلیم رضؓ کے لئے خاص شفقت و رحم ہے ۔

(بخاری)

تشریح :۔ بھائی کی شہادت پر بہن کے جذبات کا احساس اور اُن کی قدردانی کا یہ نتیجہ تھا کہ محمد رسول اللہ صلی اللہ علیہ وسلم خود حضرت اُمّ سلیمؓ کی خبرگیری کے لئے اُن کے گھر جایا کرتے تھے۔ مگر اس کا یہ مطلب نہیں کہ آپؐ اُن کے گھر بغیر اِذن کے چلے جاتے تھے بلکہ صرف بار بار التزام کیساتھ جانا اور خیریت دریافت کرتے رہنا مراد ہے ۔

تیسرا باب ۳

بیوی کے متعلق احادیث نبویہ

۲۲ حضرت ابوہریرہؓ روایت کرتے ہیں کہ رسولِ مقبول صلی اللہ علیہ وسلم فرمایا کرتے تھے کہ عورتوں کے ساتھ چار وجوہات کی بناء پر شادی کی جاتی ہے۔ (۱) اُن کے مالدار ہونے کی بناء پر۔ یا (۲) اُن کے حسب ونسب و خاندان کے باعث یا (۳) اُن کے حسن وجمال کی وجہ سے اور یا پھر (۴) اُن کے اخلاق اور دینداری کے خیال سے شادی کی جاتی ہے۔ مگر تم اے مسلمانو! خدا تمہاری زندگیوں کو کامیاب کرے ہمیشہ بااخلاق اور دیندار عورتوں سے شادی کیا کرو ورنہ تمہارے ہاتھ خاک آلودرہیں گے۔ (بخاری ومسلم)

تشریح:۔ شادی کے متعلق مختلف مردوں کے مختلف زاویہ ہائے نگاہ ہوتے ہیں مگر مومن کو سب چیزوں سے اخلاق اور دینداری کے پہلو کو مقدم رکھنے کا حکم ہے۔ ہاں علیٰ قدرِ مراتب دینداری کے ساتھ باقی امور بھی جمع ہو سکیں تو نورٌ علیٰ نور ہے۔ اور دوسری

حدیثوں میں ان کے متعلق بھی اشارات پائے جاتے ہیں۔ لیکن اس میں ذرّہ بھر بھی شبہ نہیں اور دُنیا کا تجربہ اسی کی تائید کرتا ہے کہ ترجیح ہمیشہ اخلاق اور دینداری کے پہلو کو ہونی چاہئے ؁

(۲۳) حضرت ابوہریرہ رضؓ روایت کرتے ہیں کہ رسول خدا صلی اللہ علیہ وسلم نے فرمایا کہ مومنوں میں سے ایمان میں زیادہ کامل وہ لوگ ہیں جو اخلاق میں زیادہ اچھے ہیں۔ اور پھر اے مسلمانو تم میں سے زیادہ اچھے وہ ہیں جو اپنی بیویوں کے ساتھ سلوک کرنے میں زیادہ اچھے ہیں ؁ (جامع الترمذی)

تشریح :۔ اس حدیث سے ثابت ہے کہ مومنوں کے ایمان اور اخلاق کی پرکھ کا معیار اُن کا اپنی بیویوں سے حسن سلوک ہے کیونکہ ایک تو کمزور جنس ویسے ہی حسن سلوک کی مستحق ہے اور دوسرے بوجہ اس کے کہ انسان کو اپنی بیوی کے ساتھ سب سے زیادہ قریب کا واسطہ پڑتا ہے۔ انسان کے اخلاق کا صحیح امتحان بیوی کے ساتھ سلوک کرنے میں ہی مضمر ہے ؁

(۲۴) حضرت انس رضؓ روایت کرتے ہیں کہ ایک دفعہ تین آدمی آنحضرت صلی اللہ علیہ وسلم کی ازواج مطہرات کے گھروں پر حضور علیہ السلام کی عبادت کے متعلق دریافت کرنے کے لئے حاضر ہوئے۔ جب انہیں خبر ملی تو گویا اس عبادت کو اپنے لئے انہوں

نے تھوڑا خیال کیا۔ اور کہا کہ ہمیں آنحضرت صلی اللہ علیہ وسلم سے کیا نسبت ہے آپؐ کی تو سب اگلی پچھلی کمزوریوں کو اللہ تعالیٰ نے اپنی مغفرت کی چادر سے ڈھانپ دیا ہے۔ اس پر اُن میں سے ایک نے کہا کہ میں تو آئندہ ہمیشہ رات بھر نماز ہی پڑھتا رہا کروں گا دوسرے نے کہا کہ میں ہر روز روزہ رکھوں گا اور کسی دن ناغہ نہیں کروں گا۔ تیسرا بولا کہ میں عورتوں سے علیحدہ رہوں گا اور کبھی شادی نہیں کروں گا۔ آنحضرت صلی اللہ علیہ وسلم (یہ گفتگو سن کر) فوراً اُن کے پاس آئے اور فرمایا کہ آپ لوگوں نے یہ یہ باتیں کی ہیں اللہ کی قسم میں خدا کی خشیت اور تقویٰ اللہ میں تم سب سے بڑھ کر ہوں لیکن سن لو کہ میں روزہ بھی رکھتا ہوں اور ناغہ بھی کرتا ہوں میں رات کو نماز بھی پڑھتا ہوں اور سوتا بھی ہوں اور میں عورتوں کے ساتھ شادی بھی کرتا ہوں۔ اب جو شخص بھی میری اس سُنت سے اعراض کرے گا۔ اس کا میرے ساتھ کوئی تعلق نہیں ۞ (بخاری)

تشریح:۔ اسلام رہبانیت یعنی ترک دُنیا کا قائل نہیں بیویوں کے وجود کو روحانیت میں حارج قرار دینے کی بجائے اسلام انہیں قربِ الٰہی اور تقویٰ کے حاصل کرنے میں ممد قرار دیتا ہے۔ اس لئے اسلام شادی کرنے کی ترغیب دیتا ہے اور آنحضرت صلی اللہ علیہ وسلم اسے اپنی ایک ایسی سُنت قرار

دیتے ہیں جس کے ترک سے انسان کا تعلق آپؐ سے کٹ جاتا ہے

(۲۵) حضرت ابوہریرہؓ روایت کرتے ہیں کہ رسول خدا صلی اللہ علیہ وسلم نے فرمایا کہ جو شخص اللہ پر اور آخری دن (قیامت) پر ایمان لاتا ہے۔ اُسے چاہیئے کہ اپنے پڑوسی کو ایذا نہ پہنچائے۔ اور اے مسلمانو! میں تمہیں بیویوں کے ساتھ اچھا سلوک کرنے کی نصیحت کرتا ہوں۔ کیونکہ عورتیں ٹیڑھی پسلی سے پیدا ہوئی ہیں اور پسلی کا زیادہ ٹیڑھا حصّہ ہی زیادہ اونچا ہوتا ہے۔ اگر تم پسلی کو بالکل سیدھا کرنا چاہو گے تو اُسے توڑ کر رکھ دوگے۔ اور اگر اسی حالت میں چھوڑ دوگے۔ تو اُس کی طبعی کجی قائم رہے گی پس میری نصیحت مانو اور عورتوں کے ساتھ حُسنِ سلوک کے طریق پر گذارہ کرنے کی کوشش کرو۔

(بخاری)

تشریح:۔ اِس حدیث میں پڑوسی کی ایذا دہی سے ممانعت کے علاوہ بیویوں سے حُسنِ سلوک کی بار بار تاکید فرمائی گئی ہے کیونکہ مرد کی سب سے قریبی اور ہمیشہ کی رفیقہ اس کی بیوی ہے۔ "خُلِقْنَ مِنْ ضِلَعٍ" (عورتوں کے پسلی سے پیدا ہونے) کا فقرہ بطور تعریف استعمال ہُوا ہے اس کے معنے یہ ہیں کہ عورتوں کے احساسات اور جذبات بھی مردوں کی طرح اپنی نوع میں مستقل ہیں۔ ان کو مت ٹھکراؤ جس طرح پسلیوں کا

کمال اُن کے فطری ٹیڑھے پن میں ہے۔ اسی طرح عورت کی انوثیت کا حسن اس کے ناز اور اس کی نسوانی "کجی" میں مضمر ہے۔ جبر سے اس کی فطرت کو بدلنے کی کوشش ناکام ثابت ہوگی البتہ حسنِ سلوک اور محبت کا معاملہ پسلی کے فطری ٹیڑھے پن کو بھی دلکش اور دلربا بنا دیتا ہے۔

(۲۶) حضرت ابوہریرہ رضؓ کہتے ہیں کہ میں نے رسول مقبول صلی اللہ علیہ وسلم کو یہ فرماتے ہوئے سُنا کہ شُتر سوار عورتوں یعنی عرب عورتوں میں سے قریشی عورتیں سب سے بہتر ہیں۔ بچوں کی خبرگیری میں شفقت و نرمی ان کا مخصوص طریق ہے۔ اور خاوند کے مال کی حفاظت اور اس کی آمدنی کے اندر اندر اپنے اخراجات رکھنے میں وہ سب سے سبقت لے جاتی ہیں۔ (بخاری)

تشریح:۔ اس حدیث کے رو سے نیک عورتوں کی فضیلت اسی میں ہے کہ وہ اپنے بچوں کی محبت اور نصیحت کے رنگ میں تربیت کریں اور اپنے خاوندوں سے انکی طاقت سے بڑھ کر مطالبات نہ کریں۔ بلکہ ان کی آمدنی کے مطابق گھر کی ضروریات پورا کریں۔

(۲۷) حضرت ابوہریرہ رضؓ سے روایت ہے کہ آنحضرت

صلی اللہ علیہ وسلم نے فرمایا کہ ایک دینار (ایک عربی سکہ ہے اور اس جگہ مال مراد ہے) ایسا ہوتا ہے جو تم راہِ خدا میں خرچ کرتے ہو اور ایک دینار ایسا ہوتا ہے جو تم غلام آزاد کرنے میں خرچ کرتے ہو۔ اور ایک دینار تم بطور صدقہ کسی مسکین کو دے دیتے ہو اور ایک دینار تم اپنی بیوی اور اپنے بچوں پر خرچ کرتے ہو۔ ان سب دیناروں میں سے زیادہ اجر اور زیادہ ثواب کا موجب وہ دینار ہے جو تم اپنے اہل و عیال پر خرچ کرتے ہو۔

(مسلم)

تشریح:- حضرت محمد رسول اللہ صلی اللہ علیہ وسلم کیسے شفیق رسول ہیں۔ بیویوں سے فرماتے ہیں کہ خاوندوں کی طاقت سے بڑھ کر مطالبات مت کرو۔ اور خاوندوں سے فرماتے ہیں کہ جو خرچ تم اپنی بیویوں پر صالح اور نیک نیت کے ساتھ کرو گے۔ وہ بہت بڑے ثواب کا موجب ہوگا۔

صَلَّی اللّٰہُ عَلَیْہِ اَلْفَ اَلْفِ مَرَّۃٍ

(۲۸) **حضرت انسؓ** روایت کرتے ہیں کہ جب کبھی آنحضرت صلی اللہ علیہ وسلم کے پاس کوئی تحفہ آتا تو آپؐ فرماتے کہ یہ تحفہ فلاں خاتون کو پہنچا دو کیونکہ وہ میری مرحومہ بیوی خدیجہؓ کی سہیلی تھی۔ یا یہ چیز فلاں عورت کے ہاں لے جاؤ۔ کیونکہ وہ خدیجہؓ

سے محبت رکھتی تھی ۔ (الادب المفرد)

تشریح :- بیوی کی وفات کے سالہا سال بعد بھی اسکی سہیلیوں کو اس طرح یاد رکھنا کتنی بھاری وفاداری اور کتنی گہری اور پائدار محبت کی علامت ہے ۔ اور اس سے اپنے عزیزوں کے متعلقین کے ساتھ بھاری شفقت کا ثبوت ملتا ہے ۔

۲۹ حضرت عائشہ رضؓ بیان فرماتی ہیں کہ مجھے آنحضرت صلی اللہ علیہ وسلم کی کسی اور بیوی پر بھی اتنی غیرت نہیں آئی جتنی حضرت خدیجہ رضؓ پر آتی تھی ۔ حالانکہ میں نے اُن کو دیکھا تک نہ تھا ۔ آنحضرت صلی اللہ علیہ وسلم اکثر اُن کا ذکر فرماتے تھے ۔ اور کئی مرتبہ جب کوئی بکری وغیرہ ذبح کرتے تو اُس کے گوشت کے ٹکڑے حضرت خدیجہ رضؓ کی سہیلیوں کی طرف بھجواتے حتیٰ کہ بعض اوقات میں بگڑ کر آپؐ سے کہہ دیتی کہ یا رسول اللہ ! شاید دُنیا میں خدیجہ رضؓ کے سوا اور کوئی عورت ہی نہیں ؟ اِس پر حضور علیہ السلام فرماتے کہ دیکھو عائشہ ! خدیجہ رضؓ ایسی تھیں اور ایسی تھیں (یعنی ان کی بعض نیک صفات کا ذکر کر کے مجھے نیکی کی تحریک فرماتے) اور پھر خدا نے مجھے اُن سے اولاد بھی دی ۔

(بخاری)

تشریح :- نسوانی فطرت کے ماتحت حضرت عائشہ رضؓ کی غیرت اور اُن کا رشک بجا ہے۔ لیکن بات ہر پھر کر ہمارے سید و مولیٰ صلی اللہ علیہ وسلم کے اخلاق کاملہ اور آپؐ کی وفاداری اور قدر دان طبیعت پر آکر ختم ہوتی ہے۔ آپؐ نے حضرت عائشہ رضؓ اور دوسری ازواج مطہراتؓ کی خوبیوں کی قدر دانی میں کوئی کمی نہیں کی۔ اور حضرت عائشہ رضؓ کے ساتھ تو اُن کی غیر معمولی خوبیوں کی وجہ سے آپؐ کو خاص محبت تھی۔ لیکن یہ بھی سچ ہے کہ حضرت خدیجہ رضؓ کی محبت اور وفاداری کے گہرے نقوش اُن کی موت کے بعد بھی قلبِ محمد صلی اللہ علیہ وسلم پر ہمیشہ اُجاگر رہے۔

۳۰ **حضرت عائشہ** رضؓ فرماتی ہیں کہ میں آنحضرت صلی اللہ علیہ وسلم کے گھر میں بھی (اپنی خوردسالی کی وجہ سے) گڑیوں سے کھیلا کرتی تھی اور میری کچھ سہیلیاں تھیں جو میرے ساتھ کھیلا کرتی تھیں جب آنحضرت صلی اللہ علیہ وسلم اندرون خانہ تشریف لاتے تو یہ لڑکیاں (آپؐ کے رُعب سے) اِدھر اُدھر چھپ جاتیں۔ لیکن آنحضرت صلی اللہ علیہ وسلم میری دلداری کی غرض سے اُنہیں پھر میرے پاس بھجوا دیتے۔ اور وہ میرے ساتھ پھر کھیلنا شروع کر دیتیں۔ (الادب المفرد)

تشریح :- اس نمونہ سے آنحضرت صلی اللہ علیہ وسلم نے بیویوں

کے جذبات اور رجحانات اور اُن کی عمر کے تقاضوں کا خیال رکھنے کی کیسی لطیف مثال قائم فرمائی ہے۔

(۳۱) حضرت عائشہ رضؓ سے روایت ہے۔ کہ میں آنحضرت صلی اللہ علیہ وسلم کے ساتھ (ایک ہی برتن سے) عربی حلوا (جو کھجوروں اور ستوا ور گھی سے بنتا ہے) کھا رہی تھی کہ حضرت عمرؓ ادھر سے گزرے آنحضرت صلی اللہ علیہ وسلم نے اُن کو بھی بُلا لیا اور وہ کھانے میں شریک ہو گئے۔ اتفاقاً اُن کا ہاتھ میری انگلی سے چھُو گیا جس پر حضرت عمرؓ کہنے لگے کہ کیا ہی اچھا ہو اگر آپ لوگوں کے متعلق میرا مشورہ مانا جائے تا کہ کسی شخص کی نگاہ آپ پر نہ پڑ سکے بعد ازاں اللہ تعالیٰ کی طرف سے پردے کا حکم نازل ہو گیا۔ (الادب المفرد)

تشریح:۔ اِس حدیث سے بیویوں کے ساتھ مِلکر کھانے کا سبق مِلتا ہے۔ جو شفقت اور ازدیادِ محبّت کا ذریعہ ہے علاوہ ازیں اس حدیث میں حضرت عمرؓ کی دُور بینی کا ثبوت ملتا ہے۔

(۳۲) حضرت عائشہ رضؓ بیان فرماتی ہیں کہ مجھے وہ نظارہ یاد ہے کہ ایک دفعہ رسولِ کریم صلی اللہ علیہ وسلم

میرے حجرہ کے دروازہ کے سامنے کھڑے تھے اور مسجد نبوی میں حبشی لوگ فوجی کرتب دکھا رہے تھے۔ آنحضرت صلی اللہ علیہ وسلم نے میرے لئے اپنی چادر سے پردہ کر رکھا تھا اور میں اس پردہ کی اوٹ میں ان حبشیوں کے کرتب دیکھ رہی تھی۔

(بخاری)

تشریح:۔ عورتوں کے ازدیاد علم اور فنون جنگ سے واقفیت کے لئے نیز اُن کی جائز تفریح کی خاطر برعایت پردہ اہتمام کرنا مردوں کے فرائض میں داخل ہے۔ آنحضرت صلی اللہ علیہ وسلم کی زندگی میں اس کے متعدد نمونے پائے جاتے ہیں۔

اس حدیث میں ایک اشکال پیدا ہوتا ہے۔ اور وہ یہ کہ غضِ بصر کی پابندی مرد و عورت دونو کے لئے ہے اور خود آنحضرت صلی اللہ علیہ وسلم نے اپنی دوسری حدیث (نمبر ۲۵) میں اپنی ازواج کو ایک نابینا صحابی کے سامنے آنے سے بھی منع فرمایا ہے۔ اور فرمایا کہ یہ بے شک نابینا ہے مگر تم تو نابینا نہیں۔ تو پھر یہ کس طرح ممکن ہوا۔ کہ آپؐ نے خود حضرت عائشہؓ کو حبشیوں کے کرتب دیکھنے کی اجازت دی؟ سو اس کا جواب یہ ہے کہ اوّل تو کرتب دکھانے میں ایک قومی غرض مدِ نظر تھی۔ اور دوسرے اوٹ کے پیچھے کھڑے ہو کر دیکھنے اور برملا سامنے ہو کر دیکھنے میں فرق ہے۔ پس جہاں عام حالات میں ایک عورت کا غیر مرد کو دیکھنا منع ہوگا وہاں

کسی خاص غرض کے ماتحت اپنے محرم مرد کی معیت میں اوٹ کے پیچھے سے دیکھنا جائز سمجھا جائے گا۔ وَاللّٰہُ اَعْلَمُ

(۳۳) حضرت عائشہ رضؓ سے روایت ہے کہ ایک دفعہ آنحضرت صلی اللہ علیہ وسلم نے اُن سے فرمایا کہ اے عائشہ رضؓ! یہ جبریلؑ آئے ہیں اور تمہیں سلام کہتے ہیں۔ حضرت عائشہ رضؓ نے کہا۔ "وعلیکم السلام ورحمۃ اللہ وبرکاتہٗ" لیکن یا رسول اللہ آپؐ ہی اس (نورانی) وجود کو دیکھتے ہیں میں نہیں دیکھ رہی۔

(بخاری)

تشریح:۔ اس حدیث سے حضرت عائشہ رضؓ کا روحانی مقام ظاہر ہے کہ خدا کے فرشتوں کا سردار اُن پر سلام بھیجتا ہے۔ اور جب ایک عورت اِس روحانی مقام کو پاسکتی ہے تو دوسری عورتیں کیوں نہیں پاسکتیں مگر کوشش اور جذبِ فضل شرط ہے۔

(۳۴) حضرت عائشہ رضؓ سے روایت ہے کہ انہیں حضرت رسول مقبول صلی اللہ علیہ وسلم نے فرمایا عائشہ رضؓ! میں پہچان لیتا ہوں کہ جب تم مجھ سے خوش ہوتی ہو اور جب مجھ پر ناراض ہوتی ہو۔ میں نے عرض کیا آپؐ کو اس کا کس طرح پتہ لگ

جاتا ہے؟ حضورؐ نے فرمایا کہ جب تم مجھ سے خوش ہوتی ہو تو تم (تاکید کے لئے) کہا کرتی ہو کہ "لَا وَرَبِّ مُحَمَّدٍ" (یعنی محمدؐ (صلی اللہ علیہ وسلم) کے خدا کی قسم یہ بات نہیں ہے) اور جب مجھ پر ناراض ہوا کرتی ہو تو تم "لَا وَرَبِّ اِبْرَاھِیْمَ" یعنی ابراہیم کے خدا کی قسم) کے الفاظ استعمال کیا کرتی ہو۔ حضرت عائشہؓ فرماتی ہیں کہ میں نے عرض کیا یا رسول اللہ! یہ درست ہے۔ لیکن بخدا میں صرف ظاہر میں آپؐ کے نام کو ترک کرتی ہوں (مگر دل میں آپؐ کا خیال اُسی طرح قائم رہتا ہے)۔ (بخاری)

تشریح: یہ حدیث میاں بیوی کے پاکیزہ تعلقات کا بہترین آئینہ ہے۔ اس سے حضرت عائشہؓ کی کمال زیرکی اور فراست کا بھی ثبوت ملتا ہے۔ صَلَّی اللّٰہُ عَلَی النَّبِیِّ وَ اَزْوَاجِہٖ وَسَلَّمَ۔

(۳۵) حضرت عبداللہ بن عمروؓ بن عاص روایت کرتے ہیں کہ رسول خدا صلی اللہ علیہ وسلم نے فرمایا کہ دنیا دراصل (کامیاب زندگی کے لئے) سازو سامان کا رنگ رکھتی ہے۔ اور اس سازوسامان کا بہترین حصہ نیک بیوی ہے۔ (مسلم)

تشریح :۔ اِس میں کیا شبہ ہے کہ اچھی بیوی کامیاب زندگی کے لئے ایک نہایت مضبوط بنیاد ہے ۔

(۳۶) حضرت عبداللہ ابن عمرؓ سے روایت ہے کہ رسول کریم صلی اللہ علیہ وسلم فرماتے تھے کہ اے لوگو! تم سب (اپنے اپنے دائرہ میں) کسی نہ کسی رنگ میں نگران اور حاکم ہو۔ اور ہر شخص سے اسکے دائرہ حکومت کے بارے میں پوچھا جائے گا افسر بھی نگران ہے۔ (اور اس سے اپنے ماتحتوں کے متعلق پوچھا جائے گا۔) اور مرد اپنے اہلبیت پر نگران ہے۔ اور عورت اپنے خاوند کے گھر بار اور اس کے بچوں پر نگران ہے۔ بہرحال تم میں سے ہر ایک اپنے اپنے دائرہ میں حاکم اور نگران ہے اور تم میں سے ہر ایک سے اس کی رعیت کے متعلق جواب طلبی ہوگی ۔

(بخاری و مسلم)

تشریح :۔ یہ ایک حقیقت ہے کہ ہر شخص کا ایک دائرہ حکومت ہوتا ہے جس کے متعلق وہ جواب دہ ہے۔ اور کمال حکمت سے آنحضرت صلی اللہ علیہ وسلم نے مرد اور عورت کے دائرہ ذمہ داری کی بھی حد بندی فرمادی ہے اور ہر ایک کو جواب دہی کے لئے تیار رہنے کے واسطے ہوشیار کر دیا ہے پس مبارک ہیں وہ خاوند اور وہ

بیویاں جو اپنے فرائض کو پورے طور پر ادا کرتے ہیں ۔

---

۳۷ حضرت اُمِّ سلمہؓ سے روایت ہے کہ رسول خدا صلی اللہ علیہ وسلم نے فرمایا کہ جو مومن عورت اس حالت میں فوت ہوتی ہے کہ اُسکا خاوند اُس سے خوش اور راضی ہو تو وہ خدا کے فضل سے ضرور جنّت میں داخل ہوگی ۔

(جامع الترمذی)

تشریح :۔ عام حالات میں بیوی کے قُرب الٰہی پانے کے لئے خاوند کی خوشنودی بھی ضروری ہے ۔

---

۳۸ حضرت ابوہریرہؓ کہتے ہیں کہ رسول کریم صلی اللہ علیہ وسلم نے فرمایا کہ کسی مومن مرد کیلئے زیبا نہیں کہ وہ اپنی مومن بیوی سے بغض رکھے اگر اُسے اپنی بیوی کی کوئی عادت ناپسند ہوگی تو کئی دوسری عادتیں پسندیدہ بھی ہوں گی ۔ (مسلم)

تشریح :۔ سب خوبیوں کی مالک اللہ کی ذات ہے۔ معمولی معمولی باتوں یا نقائص پر مستقل ناراضگی اور بغض پیدا کرنا شیوۂ اہلِ ایمان نہیں ۔ یہ طریق ازدواجی زندگی کے لئے سمِّ قاتل ہے ۔ اور عام حالات میں مومن کی نظر خوبیوں کی

طرف ہونی چاہیئے نہ کہ کمزوریوں کی طرف۔

(۳۹) حضرت عمروؓ بن الاحوص کہتے ہیں کہ انہوں نے حجۃ الوداع کے موقع پر حضور علیہ الصلوٰۃ والسلام کو (ایک لمبی تقریر کے دوران میں) یہ فرماتے ہوئے سنا کہ اے لوگو! تمہارے کچھ حقوق تمہاری بیویوں کے ذمہ ہیں۔ اور ایسا ہی تمہاری بیویوں کے کچھ حقوق تمہارے ذمہ ہیں۔ تمہارا اُن کے ذمہ یہ حق ہے کہ وہ تمہارے گھروں میں ایسے اشخاص کو داخل نہ ہونے دیں جو تمہیں ناپسند ہوں۔ اور اُن کا تمہارے ذمہ یہ حق ہے کہ تم اُن کے لباس اور کھانے کے بارے میں اُنکے ساتھ نیک سلوک کرو۔ (ترمذی)

تشریح:- شریعت اسلام کی رُو سے مرد اپنی حیثیت کے مطابق بیوی کے کھانے اور لباس وغیرہ مہیا کرنے کا ذمہ دار ہے۔ اور اسے عورت کے ساتھ حسنِ سلوک کی تاکید کی گئی ہے۔

(۴۰) حضرت عبداللہ بن عمرؓ روایت کرتے ہیں کہ رسول خدا صلی اللہ علیہ وسلم نے فرمایا کہ اے مومنو! خدا کی بندیوں (یعنی اپنی بیویوں) کو اللہ کی مسجدوں میں نماز کے لئے جانے سے مت روکا کرو۔ (الموطا للامام مالک)

تشریح:- عبادات کے لئے عورتوں کو مساجد میں جانے سے روکنا عام حالات میں منع ہے۔ احکام عبادت سے جس طرح مرد مکلف ہیں اسی طرح عورتیں بھی مکلف ہیں البتہ عورتوں کے لئے یہ حکم ہے کہ مسجد میں جاتے ہوئے پردہ کا التزام رکھیں اور اپنی صف مردوں کی صف سے علیحدہ بنائیں۔ وغیر ذلک

(۴۱) حضرت ایاسؓ روایت کرتے ہیں کہ رسول مقبول صلی اللہ علیہ وسلم ارشاد فرمایا کرتے تھے کہ لوگو! خدا کی بندیوں یعنی اپنی بیویوں کو مت

مارا کرو۔ اس کے بعد حضرت عمرؓ آنحضرت صلی اللہ علیہ وسلم کے پاس آئے۔ اور عرض کیا کہ یارسول اللہ! بعض عورتیں اپنے خاوندوں کی گستاخی کی عادی ہوگئی ہیں اور نشوز اور بغاوت کا رنگ اختیار کر رہی ہیں اس پر آنحضرت ؐ نے ایسی عورتوں کی تادیب کی اجازت دے دی۔ مگر اس کے بعد عورتیں بکثرت آنحضرت صلی اللہ علیہ وسلم کے گھروں میں جاکر اپنے خاوندوں کی شکایت کرنے لگیں۔ اس پر آنحضرت صلی اللہ علیہ وسلم نے فرمایا کہ میرے گھروں میں بہت سی عورتوں نے اپنے خاوندوں کی شکایت کی ہے۔ یقیناً عورتوں پر سختی کرنے والے خاوند تم میں سے نیک آدمی نہیں سمجھے جا سکتے۔

(ابوداؤد)

تشریح:۔ بیویوں کو مارنا اسلام کی روح کے منافی ہے ہاں اگر کوئی بیوی اخلاق سے گر کر تمرد اور نشوز اور بغاوت کی عادی ہو جائے تو بہ نیت اصلاح مناسب تادیب کی اجازت ہے۔ لیکن اسے ایک عام چیز کے طور پر اور ذرا ذرا سی بات پر اختیار کرنا یقیناً نیکی اور خدا ترسی کا طریق نہیں۔ رسول کریم صلی اللہ علیہ وسلم ایسے مردوں کو صالح قرار نہیں دیا۔

42

حضرت زینبؓ ثقفیہ روایت کرتی ہیں کہ ایک مرتبہ آنحضرت صلی اللہ علیہ وسلم نے فرمایا

کہ اے عورتو! تم خدا کی راہ میں صدقہ دو۔ خواہ اپنے زیورات میں سے ہی دینا پڑے۔ حضرت زینب رض کہتی ہیں کہ میں نے اپنے خاوند حضرت عبداللہ بن مسعود رض سے آکر کہا۔ کہ آپ بھی تنگدست آدمی ہیں اور رسول کریم صلی اللہ علیہ وسلم نے ہمیں صدقہ دینے کا ارشاد فرمایا ہے۔ آپ حضور ص کے پاس جاکر دریافت کریں۔ اگر میرا آپ کو امداد دینا کافی اور جائز ہو تو میں آپ کو دے دوں ورنہ میں کسی اور مستحق کو صدقہ دے دوں۔ حضرت عبداللہ بن مسعود رض نے کہا کہ (میں اس غرض سے آنحضرت ص کے پاس نہیں جاتا) تم خود ہی آنحضرت ص کے پاس جاؤ۔ حضرت زینب رض کہتی ہیں کہ پھر میں وہاں گئی تو حضور ص کے دروازہ پر ایک انصاری عورت بھی اسی غرض سے پہنچی ہوئی تھی۔ آنحضرت صلی اللہ علیہ وسلم کو (خدا کی طرف سے) رُعب عطا ہوا تھا۔ (اس لئے ہم دروازہ پر رہیں۔) حضرت بلال رض باہر آئے۔ تو ہم دونوں نے اُن سے کہا کہ جاکر حضور ص کو اطلاع دیں کہ دروازہ پر دو عورتیں آپ ص سے دریافت کرنے آئی ہیں کہ آیا اُن کی طرف سے اُن کے خاوندوں اور اُن یتیموں کے لئے صدقہ روا ہے جو اُن کی گود میں پہلے خاوند سے ہیں؟

لیکن حضورؐ کو یہ نہ بتانا کہ ہم کون ہیں۔ حضرت بلالؓ حضور علیہ السلام کے پاس گئے۔ اور مسئلہ دریافت کیا۔ آپؐ نے پوچھا وہ عورتیں کون ہیں؟ بلالؓ نے عرض کی کہ ایک انصاری عورت ہے اور دوسری زینب ہے۔ حضور صلی اللہ علیہ وسلم نے دریافت فرمایا۔ یہ کونسی زینب ہے؟ حضرت بلالؓ نے بتایا کہ حضرت عبداللہ بن مسعود کی بیوی ہے تب رسولِ خدا صلی اللہ علیہ وسلم نے فرمایا۔ ان سے کہہ دو کہ ان کے لئے دوہرا ثواب ہے۔ ایک صدقہ کا ثواب اور دوسرا رشتہ داروں کے ساتھ حسنِ سلوک کرنے کا ثواب۔ (بخاری و مسلم)

تشریح: اس حدیث سے بعض دوسرے مسائل کے علاوہ یہ مسئلہ بھی ثابت ہوا کہ غریب خاوند کو امیر بیوی صدقہ دے سکتی ہے اور اس طرح وہ زیادہ ثواب کی مستحق ہوگی۔ اس سے یہ بھی ثابت ہوا کہ اسلام نے عورت کو اپنی علیحدہ جائداد پیدا کرنے اور رکھنے کا حق عطا کیا ہے۔

---

(۴۳) حضرت ابوہریرہؓ سے روایت ہے کہ آنحضرت صلی اللہ علیہ وسلم نے فرمایا کہ کسی مسلمان عورت کے لئے جائز نہیں کہ جب اس کا خاوند گھر پر ہو تو وہ اُس کی اجازت کے بغیر روزہ رکھے۔ (مسلم)

تشریح :- یہ نفلی روزوں کا حکم ہے۔ اور اسی پر اُن جملہ نفلی عبادات کو قیاس کیا جاسکتا ہے جو میاں بیوی کے حقوق پر اثر انداز ہوتی ہیں۔ کیسی پُر حکمت تعلیم ہے! ÷

---

(۴۴) حضرت ابوہریرہ رضؓ سے روایت ہے کہ رسول کریم صلی اللہ علیہ وسلم نے فرمایا کہ اللہ تعالیٰ اُس مرد پر فضل ورحمت فرمائے جو رات کو بیدار ہو کر تہجد کی نماز پڑھتا ہے اور اپنی بیوی کو بھی جگاتا ہے۔ اگر وہ یوں نہ جاگے تو اُسکے منہ پر پانی کے چھینٹے ڈالتا ہے۔ اسی طرح اللہ تعالیٰ اُس عورت پر فضل فرمائے جو رات کو اُٹھ کر نماز پڑھتی ہے۔ اور اپنے خاوند کو بھی بیدار کرتی ہے۔ اگر وہ بیدار نہ ہو تو اُس کے چہرہ پر پانی کے چھینٹے ڈال کر بیدار کرتی ہے

(ابوداؤد)

تشریح :- میاں بیوی کا رشتہ روحانی تعاون کے لئے ہے دونو انسانیت کی گاڑی کے دو پہیئے ہیں اسلئے ان میں سے جو بھی میدان روحانیت میں آگے ہو اسکا فرض ہے کہ دوسرے کو آگے کرنے کی کوشش کرے۔

---

(۴۵) حضرت اُمُ المومنین اُمِ سلمہؓ سے روایت ہے کہ میں اور حضرت میمونہؓ آنحضرت صلی اللہ علیہ وسلم کے پاس تھیں کہ حضرت عبداللہ بن ام مکتومؓ (نابینا صحابی) آگئے اور یہ پردہ کے حکم کے نازل ہونے کے بعد کا واقعہ ہے۔ تب حضورؐ نے فرمایا کہ تم دونوں ابن ام مکتوم سے پردہ کرو۔ ہم نے کہا یا رسول اللہ! کیا وہ نابینا نہیں؟ نہ ہمیں دیکھ سکتا ہے اور نہ ہمیں شناخت کر سکتا ہے۔ آنحضرت صلی اللہ علیہ وسلم نے فرمایا (بیشک وہ نابینا ہے لیکن کیا تم دونوں بھی نابینا ہو اور تم بھی اسے نہیں دیکھتیں؟ ۔ (ابوداؤد و ترمذی)

تشریح :- اس حدیث سے ثابت ہے کہ خاوند کا فرض ہے کہ بیوی کو احکامِ شریعت کی طرف توجہ دلائے نیز یہ بھی ثابت ہوا کہ نابینا غیر محرم مرد سے بھی پردہ ہونا چاہیئے۔ چونکہ آنحضرت صلی اللہ علیہ وسلم کی ازواج مطہرات باقی اُمت کی عورتوں کے لئے نمونہ ہیں اس لئے حضور علیہ السلام اس بارے میں خاص احتیاط فرماتے تھے مزید تشریح حدیث ۴۲ کے ضمن میں کی جا چکی ہے ۔

---

(۴۶) حضرت ابوسعید الخدریؓ روایت کرتے

ہیں کہ رسول کریم صلی اللہ علیہ وسلم نے فرمایا کہ قیامت کے دن وہ شخص بدترین مقام والے شخصوں میں سے ہوگا جو اپنی بیوی سے ہم بستر ہوتا ہے اور پھر اُس کے راز لوگوں میں پھیلاتا پھرتا ہے۔ (مسلم)

تشریح:۔ بیوی کے حقوق میں یہ امر بھی داخل ہے کہ اُس کے رازوں کو محفوظ رکھا جائے۔ یہ طریق گھریلو زندگی کو خوشگوار بنانے کے لئے ضروری ہے۔

---

(۴۷)

حضرت ابوجحیفہ رضی اللہ عنہ بیان کرتے ہیں کہ رسول کریم صلی اللہ علیہ وسلم نے حضرت سلمان رضی اللہ عنہ اور حضرت ابوالدرداء رضی اللہ عنہ کو بھائی بھائی بنایا تھا ایک دن سلمان رضی اللہ عنہ ابوالدرداء رضی اللہ عنہ سے ملنے آئے (ابھی پردہ کا حکم نازل نہ ہوا تھا۔) دیکھا کہ اُن کی بیوی کے کپڑے میلے کچیلے ہیں۔ پوچھنے لگے کہ بہن! آپ کا یہ حال کیوں ہے؟ انہوں نے کہا کہ آپ کے بھائی ابوالدرداء کو تو دنیا کی طرف کوئی رغبت نہیں ہے۔ اتنے میں ابوالدرداء رضی اللہ عنہ بھی آگئے۔ کھانا تیار کیا اور سلمان رضی اللہ عنہ سے کہنے لگے کہ میں تو روزہ دار ہوں آپ کھائیں۔ انہوں نے کہا کہ جب تک آپ ساتھ نہ کھائیں گے میں ہرگز

نہ کھاؤنگا۔ آخر حضرت ابو الدرداءؓ کو حضرت سلمانؓ کے ساتھ کھانا پڑا۔ (اُن کا یہ نفلی روزہ تھا جو انہوں نے چھوڑ دیا) جب رات ہوئی تو ابوالدرداءؓ نماز کے لئے کھڑے ہونے لگے۔ حضرت سلمانؓ نے کہا کہ ابھی (بہت وقت ہے) سو جاؤ۔ وہ سو گئے لیکن جب تھوڑی دیر بعد دوبارہ کھڑے ہونے لگے تب بھی سلمانؓ نے اُنہیں کہا کہ ابھی سو جاؤ۔ جب رات کا آخری حصہ شروع ہو گیا۔ تب سلمانؓ نے کہا کہ اب نماز کیلئے اٹھو چنانچہ دونوں نے اکٹھے نماز تہجد ادا کی پھر حضرت سلمانؓ نے اُن سے کہا (میرے بھائی!) تجھ پر تیرے رب کا بھی حق ہے اور تیری جان کا بھی حق ہے۔ اور تیری بیوی کا بھی حق ہے اور ہر حقدار کو اُس کا حق ادا کرنا تمہارا فرض ہے۔ اس کے بعد حضرت ابو الدرداءؓ آنحضرت صلی اللہ علیہ وسلم کے پاس آئے اور یہ ماجرا سُنایا حضور علیہ الصلوٰۃ والسلام نے فرمایا۔ سلمان نے بالکل سچ کہا ہے۔
(بخاری)

تشریح:۔ اس حدیث کا خلاصہ یہ ہے کہ کوئی مومن بیوی کے حقوق کو نظر انداز کر کے سچا مومن نہیں بن سکتا۔

---

(۴۸) حضرت عائشہؓ سے روایت ہے کہ ایک دفعہ حضرت خدیجہؓ کی وفات کے بعد اُن کی ہمشیرہ

ہالہ بنت خویلد نے آنحضرت صلی اللہ علیہ وسلم کے پاس آنے کے لئے اجازت طلب کی تو حضور علیہ السّلام اُن کی آواز سُنکر چونک پڑے اور آپؐ کو اس آواز سے حضرت خدیجہؓ کی آواز اور اُن کا اجازت طلب کرنا یاد آگیا۔ پھر آپؐ نے فرمایا بار خدایا! یہ تو ہالہ ہے۔

(بخاری)

تشریح:۔ بیوی کے رشتہ داروں سے حُسن سلوک کرنا بھی ایمان کا خاصہ ہے۔ حضرت خدیجہؓ کی بہن کی آواز سے آنحضرتؐ کے دل میں حضرت خدیجہؓ کی یاد تازہ ہوگئی۔ اللہ اللہ کیا شانِ وفاداری ہے!

---

۴۹ حضرت عائشہؓ سے روایت ہے کہ جب نبی کریم صلی اللہ علیہ وسلم کی بیماری (یعنی مرض موت) شدّت اختیار کر گئی اور آپؐ کے لیے چلنا پھرنا دشوار ہوگیا تو آپؐ نے اپنی ازواج سے اجازت چاہی کہ آئندہ میرے گھر میں آکر بیماری کے دن گذاریں اور سب بیویوں نے آپؐ کو اجازت دے دی۔ (بخاری)

تشریح:۔ متعدد بیویوں کی صورت میں انکے درمیان

باریوں کی تقسیم فرض ہے۔ حضور علیہ السّلام نے اس فرض کو آخر وقت تک ادا فرمایا۔ جب نقل مکانی آپؐ کے لئے ناممکن ہوگئی تب آپؐ نے بیویوں کی اجازت سے حضرت عائشہؓ کے گھر میں قیام فرمایا۔ سبحان اللہ! بیویوں کے حقوق کی ادائیگی اور اُن میں مرض الموت تک عدل کے قیام کا اہتمام آنحضرت صلی اللہ علیہ وسلم کا ہی پاک نمونہ تھا۔ صَلَّی اللّٰہُ عَلَیْہِ وَسَلَّمَ

---

(۵۰) حضرت زینبؓ نے بیان کیا۔ کہ میں آنحضرت صلی اللہ علیہ وسلم کی بیوی حضرت اُمّ حبیبہؓ کے پاس اُن دنوں گئی جب اُن کے والد حضرت ابوسفیانؓ فوت ہوئے تھے۔ انہوں نے خوشبو منگوائی جس میں زرد رنگ کی خلوق یا کوئی اسی قسم کی چیز تھی پھر ایک لڑکی کو خوشبو لگائی اور اس کے بعد ہاتھ اپنے رخساروں پر پھیر لئے اور فرمایا کہ بخدا مجھے اس وقت کسی خوشبو کی ضرورت نہ تھی مگر میں نے رسول مقبول صلی اللہ علیہ وسلم کو منبر پر یہ فرماتے ہوئے سنا ہے کہ اللہ اور قیامت پر ایمان رکھنے والی کسی عورت کے لئے جائز نہیں کہ خاوند کے سوا کسی اور رشتہ دار کی وفات پر تین دن سے زیادہ سوگ کرے۔ البتہ بیوی کو چاہیئے کہ اپنے خاوند کی وفات پر چار مہینے دس دن سوگ کرے

اور خوشبو اور سنگار سے پرہیز کرے ؛ (بخاری و مسلم)

تشریح :- خاوند کی وفات پر چار ماہ دس دن کے سوگ میں دیگر مصالح کے علاوہ ایک بڑی حکمت یہ بھی ہے کہ خاوند کی وفات سے بیوی کے جذبات کو جو شدید صدمہ پہنچتا ہے اُس کے اثر کو کم کیا جائے۔ اور ازدواجی تعلق کی اہمیت کو نمایاں کیا جائے ؛

چوتھا باب

لڑکیوں اور بہوؤں کے متعلق احادیث نبویہ

(۵۱) حضرت عقبہؓ روایت کرتے ہیں کہ میں نے رسولِ کریم صلی اللہ علیہ وسلم سے سُنا۔ حضور فرماتے تھے کہ جس شخص کی تین لڑکیاں ہوں۔ اور وہ ان کے وجود پر گھبراہٹ کا اظہار نہ کرے اور انکی اچھی تربیت کرے اور اپنی طاقت کے مطابق انہیں اچھا لباس پہنائے تو وہ اُسے جہنم کی آگ سے بچانے کا ذریعہ ہوں گی۔ (الادب المفرد)

تشریح :- لڑکی کی اعلیٰ تربیت کرنا اور اس سے حُسنِ سلوک کرنا مومن کو جنّت کا حقدار بناتا ہے ؛

(۵۲) حضرت ابوبکرؓ بن عبید اللہ روایت کرتے ہیں کہ رسول خدا صلی اللہ علیہ وسلم نے فرمایا کہ جو شخص دو لڑکیوں کو پالتا ہے۔ یہاں تک کہ وہ بالغ ہو جائیں وہ اور میں اِن دو انگلیوں کی طرح جنت میں اکٹھے ہوں گے (اس پر آپؐ نے اپنی دو انگلیاں اُٹھا کر باہم پیوست کر دیں اور آپؐ کی نقل میں روای نے بھی انگلیوں کی طرف اشارہ کر کے دکھایا) اور دو باتیں ایسی ہیں جن پر اسی دُنیا میں جلد گرفت ہوتی ہے۔ (۱) سرکشی اور انتہائی ظلم اور (۲) قطع رحمی اور رشتہ داروں کی حق تلفی ۔ (الادب المفرد)

تشریح:۔ دو لڑکیوں کی کامل تربیت انسان کو جنت کا حقدار بناتی ہے۔ یہ بچیاں خواہ اپنی ہوں یا رشتہ داروں میں سے ہوں یا یتیم ہوں یا نادار ماں باپ کی ہوں بہرحال اسلام لڑکیوں کی پرورش کو ایک خاص نیکی قرار دیتا ہے ۔

---

(۵۳) حضرت عائشہؓ روایت فرماتی ہیں کہ ایک دفعہ ایک عورت کچھ مانگنے کے لئے میرے ہاں آئی۔ اس کے ساتھ اُس کی دو بچیاں بھی تھیں۔ اُس وقت میرے پاس ایک کھجور کے سوا کچھ نہ تھا

میں نے اُسے وہ ایک کھجور کا دانہ ہی دے دیا اُس نے آپ کچھ نہ کھایا۔ اور وہ کھجور دونوں بچیوں میں بانٹ دی۔ اُس کے جانے کے بعد آنحضرت صلی اللہ علیہ وسلم گھر میں تشریف لائے تو میں نے اس واقعہ کی آپؐ کو اطلاع دی آپؐ نے فرمایا کہ جس شخص کا بیٹیوں کی ولادت کے ذریعہ امتحان لیا جائے اور وہ اُن سے حسنِ سلوک کرے اُس کے لئے وہ آگ سے بچاؤ کا ذریعہ ہوں گی۔
(مسلم)

تشریح:۔ بچیوں کے ساتھ شفقت کا سلوک اور خود بھوکے رہ کر بھی اُن کو کھلانے کا اجر جنّت ہے۔ نِعْمَ الثَّوَابُ وَحَسُنَتْ مُرْتَفَقًا۔

---

۵۴ حضرت اسامہؓ سے مروی ہے کہ آنحضرت صلی اللہ علیہ وسلم کی ایک صاحبزادی کا بچہ سخت بیمار ہو گیا بچہ کی والدہ نے حضور کو پیغام بھیجا کہ میرا بچہ مر رہا ہے (آپؐ ذرا میرے مکان پر تشریف لائیں) حضور علیہ السّلام نے پیغام بر سے فرمایا کہ جا کر میری بچی سے کہہ دو کہ اللہ ہی کا ہے وہ جو اُس نے لے لیا۔ اور وہ جو اُس نے دیا۔ اور ہر چیز کے لئے اُس کی طرف سے ایک مدّت مقرر ہے

اُسے چاہیئے کہ صبر کرے اور اللہ سے اجر چاہے
پیغام بر واپس گیا اور آنحضرت صلی اللہ علیہ وسلم
کی صاحبزادی کو یہ پیغام پہنچا دیا۔ انہوں نے
پھر حضور علیہ السلام کو بلوایا اور قسم دے کر عرض
کیا کہ ضرور تشریف لائیں۔ تب آنحضرت صلی اللہ
علیہ وسلم چند صحابہ سمیت جن میں حضرت سعدؓ بن
عبادہ بھی تھے اُٹھے اور وہاں تشریف لے گئے
حضورؐ نے بچے کو اُٹھایا اور اپنے سینہ سے لگا لیا
اُس وقت نزع کے باعث بچہ کے سینہ سے
خالی مشکیزہ کی طرح آواز آرہی تھی۔ رسول مقبول
صلی اللہ علیہ وسلم کی آنکھوں میں آنسو بھر آئے
حضرت سعدؓ بولے ہیں! یا رسول اللہ کیا آپ
بھی روتے ہیں حالانکہ آپؐ اللہ کے رسولؐ ہیں؟
حضورؐ نے فرمایا۔ میں اپنی لڑکی پر شفقت اور
رحمت کی وجہ سے روتا ہوں۔ یقیناً اللہ تعالےٰ
اپنے اُن بندوں پر رحم نہیں فرماتا جو رحم دل
نہیں ہوتے۔ (الادب المفرد)

تشریح:۔ اِس حدیث سے آنحضرت صلی اللہ علیہ وسلم
کی حیات طیبہ کے بہت سے پہلو نمایاں ہوتے
ہیں۔ آپؐ وفورِ محبت کے باعث بچے کو نزع کی حالت میں
دیکھ نہ سکتے تھے لیکن اپنی صاحبزادی کے اصرار پر وہاں
تشریف لے گئے۔ لوگ سمجھتے تھے کہ شاید خدا کا نبی انسانی

جذبات سے بالا ہوتا ہے۔ مگر سید المرسلین محمدؐ عربی صلی اللہ علیہ وسلم نے اپنے پاک نمونہ سے بتلا دیا کہ نبی انسانیت کے پاکیزہ جذبات میں بھی تمام انسانوں کے لئے بہترین نمونہ ہوتا ہے۔ فوت ہونے والے بچہ کی ماں کی تکلیف کے تصور سے جو حضورؐ کی صاحبزادی تھی سرورِ کائنات صلی اللہ علیہ وسلم آبدیدہ ہو گئے اور فرمایا اِنَّمَا اَبْکِیْ رَحْمَۃً لَّھَا۔

---

(۵۵) حضرت مسورؓ کہتے ہیں کہ میں نے (اور باتوں کے علاوہ) رسول کریم صلی اللہ علیہ وسلم کو یہ فرماتے ہوئے بھی سنا ہے۔ کہ فاطمہؓ میرے جگر کا ٹکڑا ہے اور طبعاً مجھے یہ بات دُکھ دیتی ہے کہ کوئی اُسے رنج پہنچائے۔ (بخاری)

تشریح :- بچیوں کے جذبات اور اُن کے حقوق کی حفاظت کرنا باپ کا فرض ہے۔ اور اُن کی شادی کے بعد بھی وہ اِس فرض کی ادائیگی کا ذمہ دار ہے۔

---

(۵۶) حضرت اُمّ المومنین عائشہؓ سے روایت ہے انہوں نے فرمایا کہ میں نے حضرت فاطمہؓ سے بڑھ کر کسی کو آنحضرت صلی اللہ علیہ وسلم کے زیادہ مشابہ نہیں پایا۔ بات کرنے کے انداز میں، روایت بیان کرنے کے طریق میں، اور (اُٹھنے

بیٹھنے میں۔ آنحضرت صلی اللہ علیہ وسلم جب دیکھتے کہ حضرت فاطمہؓ آرہی ہیں تو انہیں مَرْحَباً (خوش آمدید) کہتے۔ اُٹھ کر ملتے۔ پیار کرتے اور ہاتھ تھامے ہوئے اپنے ساتھ لاتے۔ یہانتک کہ اپنی جگہ پر لاکر بٹھاتے۔ اور حضرت فاطمہؓ کا یہ طریق تھا کہ جب حضور علیہ السّلام انکے ہاں جاتے تو وہ مرحبا کہتیں اور اُٹھ کر آگے بڑھتیں اور پیار کرتیں۔ جب آنحضرت صلی اللہ علیہ وسلم مرض الموت میں تھے تو حضرت فاطمہؓ آئیں۔ حضورؐ نے انہیں مرحبا کہا۔ اور پیار سے بوسہ دیکر اُن کے کان میں ایک بات کہی جس سے حضرت فاطمہؓ رو پڑیں پھر دوبارہ حضورؐ نے اُن کے کان میں ایک بات کہی جس پر حضرت فاطمہؓ مسکرا دیں۔ حضرت عائشہؓ کہتی ہیں کہ اس پر میں نے عورتوں سے کہا کہ میں قبل ازیں حضرت فاطمہؓ کے اس ارفع مقام کو نہ جانتی تھی۔ وہ تو صاحبِ مرتبہ خاتون ہیں۔ ابھی سنجیدگی سے روتی تھیں اور ابھی اسی سنجیدگی سے مسکرا رہی ہیں۔ پھر فرمایا کہ میں نے اُس وقت حضرت فاطمہؓ سے پوچھا کہ حضورؐ نے آپ سے کیا فرمایا تھا۔ انہوں نے کہا کہ میرا ابھی بتا دینا میرے رازدار ہونے کے خلاف ہے۔ پھر جب آنحضرت صلی اللہ علیہ وسلم فوت ہوگئے تو حضرت فاطمہؓ نے بتایا کہ پہلی مرتبہ حضورؐ نے مجھے یہ کہا تھا کہ میں

اب جلد فوت ہونے والا ہوں۔ اس پر میں رو
پڑی۔ دوسری مرتبہ حضورؐ نے یہ بتلایا کہ میرے سارے
خاندان میں سے تم (حضرت فاطمہؓ) مجھے سب سے پہلے
ملوگی اس خبر پر مجھے اتنی خوشی ہوئی۔ کہ میں بے اختیار
ہنس پڑی ۔ (الادب المفرد)

تشریح :۔ آنحضرت صلی اللہ علیہ وسلم کا اپنی بیٹی حضرت
فاطمۃ الزہراؓ سے کیسا پاکیزہ سلوک اور کتنی بے
مثال محبت ہے۔ بیٹی ہے کہ اپنی موت کی خبر سنتی ہے۔ اپنے جیتے
بچوں اور پیارے خاوند سے جدائی کی خبر سنتی ہے مگر مسکرانے
لگ جاتی ہے۔ کیونکہ اس موت کے ذریعہ اپنے سب سے محسن
اور سب سے پیارے "اباجان" صلی اللہ علیہ وسلم سے جاملے گی

---

(۵۷) حضرت ابوہریرہؓ روایت کرتے ہیں کہ جب
آیت وَأَنذِرْ عَشِيرَتَكَ الأَقْرَبِينَ نازل ہوئی حضور علیہ الصلوٰۃ والسلام
کھڑے ہوئے اور آپؐ نے قریش کے قبائل بنی کعب
بنی عبد مناف، بنی ہاشم، اور بنی عبدالمطلب
کو نام لے لیکر کہا کہ اپنے آپ کو آگ سے بچاؤ۔
پھر فرمایا کہ اے میری بیٹی فاطمہؓ! تو بھی اپنے
آپ کو آگ سے بچا میں اللہ کے مقابلہ میں تیرے
کچھ کام نہیں آسکتا ہاں تمہاری رشتہ داریاں

بجا ہیں ۔ سو میں انشاء اللہ اس میدان میں بقدر امکان صلہ رحمی کے ذریعہ اپنے دل کو ترو تازہ رکھوں گا۔
(الادب المفرد)

تشریح :- آنحضرت صلی اللہ علیہ وسلم کے اس اعلان کا مطلب یہ ہے کہ اللہ کے حضور محض نسب سے کام نہیں چل سکتا۔ بلکہ ذاتی اعمال صالحہ ضروری ہیں۔ ہاں صلہ رحمی کا حق بہر حال قائم رہتا ہے

---

(۵۸) **حضرت علیؓ** سے روایت ہے کہ ایک رات رسول مقبول صلی اللہ علیہ وسلم نے سحری کے وقت ہمارا دروازہ کھٹکھٹایا اور مجھے اور حضرت فاطمہؓ کو فرمایا کہ کیا تم لوگ تہجد کی نماز نہیں پڑھا کرتے ؟ میں نے جلدی سے عرض کیا ۔ یا رسول اللہ ! ہماری جانیں اللہ کے قبضہ میں ہیں وہ جب چاہتا ہے ہمیں جگا دیتا ہے ۔ اس پر حضورؐ نے کچھ نہ فرمایا اور پلٹ گئے۔ ہاں جاتے وقت (تعجب اور خفگی سے) اپنی ران پر ہاتھ مارا اور یہ آیت پڑھی کہ "انسان اکثر باتوں میں جھگڑے کا رستہ نکال لیتا ہے "
(الادب المفرد)

تشریح :- آنحضرت صلی اللہ علیہ وسلم اپنے عزیزوں کو نوافل کی تاکید فرماتے رہتے تھے۔ اور واپس لوٹنے میں یہ بھی اشارہ ہے کہ تمہارے ساتھ میرا تعلق اسی صورت میں رہ سکتا ہے کہ تم دین میں چست رہو ۔

(۵۹) حضرت عائشہؓ فرماتی ہیں کہ ایک مخزومیہ عورت (فاطمہ نامی) نے چوری کی۔ اسلئے معاملہ میں قریش کو بہت فکر ہوا۔ (کیونکہ وہ بڑے گھرانے کی عورت تھی۔ اور اب چوری کی وجہ سے اُس کا ہاتھ کاٹا جانے والا تھا) انہوں نے باہم مشورہ سے کہا کہ اس کے متعلق صرف حضرت اسامہؓ ہی (جو آنحضرت صلی اللہ علیہ وسلم کے محبوب ہیں) آپؐ سے بات کرنے کا حوصلہ کر سکتے ہیں آخر لوگوں کے کہنے سے حضرت اسامہؓ نے حضور علیہ السلام سے بات کی آپؐ نے غصہ کے ساتھ فرمایا کہ اے اسامہ! کیا تم اللہ تعالیٰ کی مقرر کردہ سزاؤں کے بارے میں مجھ سے سفارش کرتے ہو؟ پھر آپؐ نے لوگوں کو جمع کر کے کھڑے ہو کر خطبہ دیا۔ اور فرمایا کہ تم سے پہلے لوگوں کو اسی بات نے تباہ کیا کہ اُن میں جب بڑے گھرانے کا آدمی چوری کرتا تو وہ اُسے چھوڑ دیتے اور جب کوئی غریب چوری کرتا تو اُسے سزا دیتے خدا کی قسم کہ اگر میری بیٹی فاطمہؓ بھی چوری کرے تو میں خدا کے فیصلہ کے مطابق اُس کا ہاتھ بھی کاٹوں گا۔ (بخاری و مسلم)

تشریح:۔ ہمارے سید و آقا محمد صلی اللہ علیہ وسلم کا یہ کمال ہے کہ آپؐ نے جملہ احکام خداوندی کو بتمام و کمال پورا کر دکھایا۔ قریشی مہاجر، بنو مخزوم کی فاطمہ کا ہاتھ کاٹے جانے کے خیال سے پریشان ہو رہے تھے۔ لیکن نبیوں کا سردار

(صلی اللہ علیہ وسلم) بر سر منبر فرما دیتا ہے کہ خدائی قانون میں حیص بیص کے کیا معنے؟ اگر میری اپنی بیٹی فاطمہؓ بھی (خدانخواستہ) چوری کرے تو میں اُسکا ہاتھ بھی کاٹ دوں گا۔ اللّٰھم صل علی النبی وآلہ لاسیما علی فاطمۃ الزھرا ÷

---

(۶۰) حضرت انسؓ سے روایت ہے کہ جب آنحضرت صلی اللہ علیہ وسلم کا آخری وقت تھا اور آپؐ پر درد اور بے ہوشی کے دورے پڑتے تھے۔ اُس وقت حضرت فاطمہؓ نے کہا۔ ہائے میرے باپ کی تکلیف رسول مقبول صلی اللہ علیہ وسلم نے یہ الفاظ سُنے اور فرمایا۔ فاطمہ! تمہارے باپ کے لئے آج کے بعد کوئی تکلیف نہیں پھر جب حضورؐ کا وصال ہو گیا تب حضرت فاطمہؓ نے کہا میرے باپ نے اپنے رب کی دعوت کو قبول کیا (اور ہمیں چھوڑ دیا) اب جنت الفردوس آپؐ کا ٹھکانہ ہے۔ ہم وحی لانیوالے جبریلؑ کو اپنے محبوب باپ کی وفات کی اطلاع دیتے ہیں۔ پھر جب سید ولد آدم صلی اللہ علیہ وسلم کو دفن کر دیا گیا تو حضرت فاطمہ رضی اللہ عنہا نے نہایت رقت کے ساتھ صحابہ سے کہا کہ آپ لوگوں کے دلوں نے کس طرح گوارا کر لیا کہ رسول خدا (صلی اللہ علیہ وسلم) کے جسدِ اطہر کو مٹی میں دفنا دیں؟ ÷

(بخاری)

تشریح:۔ بے نظیر باپ کی بے مثال بیٹی کا یہ پاک نمونہ بھی مسلم بچیوں کے واسطے ہمیشہ کے لئے ایک اُسوۂ حسنہ ہے۔ ایک طرف انتہائی محبت اور دوسری طرف انتہائی صبر وضبط کی چٹانوں میں سے اپنی کشتی کو اس طرح بچا کر نکال لے جانا حضرت فاطمہؓ ہی کا حصہ ہے۔

---

(٦١) **حضرت ابو قتادہؓ** روایت کرتے ہیں کہ رسول خدا صلی اللہ علیہ وسلم بعض دفعہ نماز پڑھتے وقت اپنی صاحبزادی حضرت زینبؓ کی بچی امامہؓ کو گود میں اُٹھائے ہوتے تھے۔ یہ بچی ابوالعاصؓ بن الربیع کی بیٹی تھی۔ جب حضورؐ سجدہ میں جاتے تو بچی کو بٹھا دیتے اور جب کھڑے ہوتے تو اُسے اُٹھا لیتے۔ (بخاری)

تشریح:۔ اِس حدیث سے آنحضرت صلی اللہ علیہ وسلم کی اپنی خورد سالہ نواسی سے اعلیٰ پیار کی مثال ثابت ہوتی ہے۔ اور یہ شرعی مسئلہ بھی واضح ہوتا ہے کہ ضرورت کے وقت بچے کو گود میں لے کر نماز ادا کی جا سکتی ہے۔

---

(٦٢) **حضرت ابن عمرؓ** سے ایک (عراقی) شخص نے مسئلہ پوچھا کہ اس حج کرنے والے محرم کا کیا حکم ہے جو بحالتِ احرام مکھی مار دے؟ آپؓ نے فرمایا کہ اہلِ عراق مجھ سے مکھی کے متعلق مسئلہ پوچھتے ہیں

حالانکہ ان لوگوں نے آنحضرت صلی اللہ علیہ وسلم کے نواسے (حضرت امام حسین رضی اللہ عنہ) کو شہید کر دیا (تو اُس وقت ان لوگوں کو مسئلہ دریافت کرنے کا خیال نہ آیا) اور حال یہ ہے کہ آنحضرت صلی اللہ علیہ وسلم فرماتے تھے کہ میرے یہ دو نواسے (حضرت امام حسنؓ اور حضرت امام حسینؓ) دُنیا میں میرے لئے خوشبو اور رحمت کی دو شاخیں ہیں۔

(بخاری)

تشریح:- رسول مقبول صلی اللہ علیہ وسلم اپنی بچیوں اور اُن کی اولاد سے بہت پیار کرتے تھے۔ اور حضرت امام حسنؓ اور حضرت امام حسینؓ رضی اللہ عنہما تو حضورؐ کو خصوصیت سے پیارے تھے۔ کوفیوں کا حضرت امام حسینؓ کو شہید کر دینا ایک سخت جرکا ہے جو مخلص مسلمانوں کے دلوں پر لگایا گیا۔ حضرت عبداللہ ابن عمرؓ کے نزدیک اِس قسم کے سوال کرنے والے لوگ مچھر کو چھاننے اور ہاتھی کو نگل جانیوالے ہوتے ہیں۔

---

(۶۳) حضرت ابن عباسؓ نے بیان کیا۔ کہ رسول مقبول صلی اللہ علیہ وسلم نے (حضرت ہاجرہ و حضرت اسمٰعیل علیہما السلام کے مکہ کی وادی غیر ذی زرع میں آنے کا ذکر کرتے ہوئے) فرمایا کہ یہ درخواست (یعنی بنو جرھم کی پانی کے چشمہ زمزم پہ ٹھہرنے کی

درخواست) والدۂ اسمٰعیل نے منظور کرلی۔ اور وہ اس ویرانہ میں آبادی چاہتی تھیں۔ ان لوگوں نے وہاں ڈیرے ڈال دیئے اور باقی رشتہ داروں کو بھی وہاں بلا بھیجا۔ چنانچہ اس چشمہ پر کچھ گھرانے آباد ہو گئے۔ حضرت اسمٰعیلؑ جوان ہوتے گئے اور انہوں نے بنو جرھم سے عربی زبان سیکھ لی۔ جب وہ پورے جوان ہو گئے تو اُن کے خصائل حمیدہ کے باعث بنو جرھم نے اُن کی شادی اپنی قوم کی ایک لڑکی سے کر دی۔ اس اثناء میں حضرت ہاجرہؓ کی وفات ہو گئی۔ حضرت اسمٰعیلؑ کی شادی کے کچھ عرصہ بعد حضرت ابراہیم علیہ السلام (فلسطین سے) اپنی بیوی اور بچے کے حالات دیکھنے کے لئے آئے۔ حضرت اسمٰعیلؑ گھر پر نہ تھے۔ اُن کے متعلق اُن کی بیوی سے دریافت کیا۔ اُس نے جواب دیا کہ جنگل میں تلاش خوراک میں گئے ہیں۔ پھر حضرت ابراہیمؑ نے اپنی بہو سے اُن کے گذارہ کی صورت و حالت پوچھی تو وہ کہنے لگی کہ ہم بڑے دُکھ میں ہیں۔ سخت تکلیف اور تنگی ہے۔ اُس نے ایک سلسلۂ شکایت شروع کر دیا۔ حضرت ابراہیمؑ واپس لوٹ گئے اور کہہ گئے کہ جب تمہارا خاوند آئے تو اُسے سلام کہنا نیز یہ پیغام دینا کہ وہ اپنے دروازہ کی دہلیز تبدیل کرلے۔ جب حضرت اسمٰعیلؑ گھر آئے۔ تو انہوں نے مکان سے غیر معنوی انس محسوس کیا۔ پوچھا کیا کوئی یہاں آیا تھا؟

بیوی نے کہا کہ ہاں ایک بوڑھا شخص آیا تھا۔ آپ کے متعلق پوچھتا تھا۔ میں نے اُسے بتا دیا تھا۔ اُس نے ہمارے گذارہ کے متعلق دریافت کیا تھا۔ میں نے کہہ دیا تھا کہ ہم بڑی مصیبت اور تنگی میں ہیں۔ حضرت اسمٰعیلؑ نے پوچھا۔ کہ وہ بزرگ کوئی ارشاد تو نہیں فرما گئے تھے؟ بیوی نے کہا کہ ہاں مجھے کہہ گئے تھے۔ کہ میں آپ کو اُن کا سلام پہنچا دوں۔ نیز یہ کہ آپ اپنے دروازہ کی دہلیز تبدیل کر دیں۔ حضرت اسمٰعیلؑ نے فرمایا کہ وہ میرے والد ماجد تھے اور انہوں نے اس پیغام میں مجھے تم سے علیحدہ ہو جانے کا حکم دیا ہے۔ آپ اپنے میکے تشریف لے جائیں۔ حضرت اسمٰعیلؑ نے اس بیوی کو طلاق دے کر بنو جرہم میں سے ایک اور عورت سے شادی کی۔ حضرت ابراہیم علیہ السلام ایک عرصہ کے بعد پھر حضرت اسمٰعیلؑ کے گھر آئے۔ اُس وقت بھی حضرت اسمٰعیلؑ گھر پر نہ تھے۔ حضرت ابراہیمؑ کی بہو نے اُنہیں اندر بلایا۔ انہوں نے حضرت اسمٰعیلؑ کے متعلق پوچھا۔ بہو نے بتایا کہ وہ تلاش شکار کے لئے تشریف لے گئے ہیں۔ حضرت ابراہیمؑ نے گھر کا حال اور گذارہ کی صورت دریافت فرمائی بہو نے جواب دیا کہ اللہ کا بڑا فضل ہے۔ بڑی فراخی سے گذارہ ہوتا ہے۔ ہم بڑے آرام میں ہیں۔ پوچھا کہ آپ لوگ کیا کھاتے پیتے ہیں؟ جواب دیا گوشت کھاتے ہیں۔ اور پانی پیتے ہیں۔ حضرت ابراہیمؑ

نے دُعا کی کہ اسے اللہ! ان کے لئے گوشت اور پانی میں برکت دے۔ آنحضرت صلی اللہ علیہ وسلم نے فرمایا کہ اُن دنوں مکہ میں اناج نہ ہوتا تھا۔ ورنہ اُسمیں برکت کے لئے بھی ابراہیمؑ دُعا فرما دیتے۔ پھر حضورؐ نے فرمایا کہ مکہ کے علاوہ کسی اور جگہ خالی گوشت اور پانی صحت کے لئے مفید اور مناسب نہیں ہوتا۔ حضرت ابراہیمؑ یہ حالات دریافت فرما کر واپس روانہ ہوئے اور بہو سے کہہ گئے کہ جب تمہارا خاوند آئے تو اُسے میرا سلام کہنا۔ نیز یہ پیغام دینا۔ کہ اپنے دروازہ کی دہلیز قائم رکھے۔ جب حضرت اسمٰعیلؑ گھر آئے تو پوچھا کہ کیا کوئی شخص یہاں آیا تھا؟ بیوی نے کہا ایک نہایت خوبصورت اور باوقار بزرگ آئے تھے۔ آپ کا پوچھتے تھے میں نے اطلاع دے دی تھی۔ انہوں نے ہمارے گزارہ کے متعلق دریافت کیا تھا۔ میں نے کہہ دیا تھا کہ ہم ہر طرح آرام میں ہیں۔ حضرت اسمٰعیلؑ نے پوچھا کہ کیا کوئی ہدایت نہیں دے گئے؟ بیوی نے کہا کہ ہاں وہ آپ کو سلام کہتے تھے نیز فرماتے تھے کہ اپنے دروازہ کی دہلیز کو قائم رکھو۔ حضرت اسمٰعیلؑ نے فرمایا کہ وہ میرے والد بزرگوار ہیں۔ اور اُن کے کلام میں دہلیز سے مراد تم ہو۔ اُن کا ارشاد ہے کہ ہمارا رشتہ مضبوطی سے قائم رہے۔ (بخاری)

تشریح :- ایک طویل حدیث کا حصہ ہے ۔ اس سے ظاہر ہے
کہ حضرت ابراہیم علیہ السلام گاہے گاہے حضرت اسمٰعیل
علیہ السلام کے حالات معلوم کرنے کیلئے مکہ آتے تھے پہلی بہو کے
عادت و اخلاق کا اندازہ کر گئے انہوں نے فیصلہ فرمایا کہ یہ عورت
اس قابل نہیں کہ حضرت اسمٰعیل علیہ السلام کی بیوی رہے ۔ حضرت
اسمٰعیل علیہ السلام کی دوسری بیوی کا حسن سلوک اور اللہ تعالیٰ
کے احسانات پر جذباتِ شکر کا اظہار اس کے اخلاص و ایمان
کی دلیل ہے ۔ بہو کا فرض ہے کہ اپنے خسر اور ساس کا احترام
قائم رکھے اور خسر و ساس کی ذمہ داری ہے کہ بہو کے حالات
و ضروریات کی نگہداشت رکھیں اور اس کے لئے دعائیں کرتے
رہیں ۔ بہو خاندان کے دروازہ کی دہلیز ہے ۔ خاندان کی عزت
و ناموس کو قائم رکھنے والی ہے ۔ اس کے جذبات کی قدردانی
ضروری ہے ۔

پانچواں باب ۵

دیگر عورتوں کے متعلق احادیث نبویہ

---

(۶۴) حضرت ابو شریح :- سے روایت ہے کہ رسول
کریم صلی اللہ علیہ وسلم نے فرمایا کہ اے اللہ ! میں تمام

لوگوں کو ان دو کمزور ہستیوں کی حق تلفی کے گناہ سے ڈراتا ہوں (۱) یتیم بچے اور (۲) عورتیں

(النسائی)

تشریح :- عورتیں اور یتامیٰ دونو کمزور جنس ہیں۔ اور عورتوں کے حقوق کو ادا نہ کرنا اسی طرح اللہ تعالیٰ کی ناراضگی کا موجب ہے جس طرح یتامیٰ کے حقوق تلف کرنا موجب غضب الٰہی ہے ؛

---

(۶۵) حضرت ابو ہریرہ رضؓ سے روایت ہے کہ نبی کریم صلی اللہ علیہ وسلم نے فرمایا۔ کہ بیواؤں اور مسکینوں کی خبر گیری کرنے والا اُس شخص کا درجہ رکھتا ہے جو خدا کے رستہ میں جہاد کرتا ہے (راوی) کہتے ہیں کہ میرے خیال میں حضور علیہ السلام نے اس وقت یہ بھی فرمایا تھا کہ ایسا شخص اُس تہجد گزار کی مانند ہے جو کبھی تھکتا نہیں۔ اور اُس روزہ دار کی مانند ہے جو کبھی ناغہ نہیں کرتا ؛

(بخاری و مسلم)

تشریح :- بیواؤں اور مسکینوں کی خبر گیری اسلامی نقطۂ نگاہ سے ایک نہایت اعلیٰ درجہ کی نیکی ہے ؛

---

(۶۶) حضرت ابو ہریرہ رضؓ سے روایت ہے کہ رسول مقبول

صلی اللہ علیہ وسلم نے فرمایا۔ کہ ایک بدکار عورت ایک دفعہ ایک کتے کے پاس سے گزری جو پیاس کی وجہ سے ایک کنوئیں کے کنارے پر کھڑا ہانپ رہا تھا۔ اور قریب تھا کہ پیاس کی شدت اسے ہلاک کر دے اس عورت نے کتے پر رحم کھا کر اپنی جوتی اتاری اور اپنی اوڑھنی کے ساتھ باندھ کر اس کتے کے لئے (اس کنوئیں سے) پانی نکالا۔ اس بدکار عورت کو اس نیکی کے باعث بخش دیا گیا ؛ (بخاری)

تشریح :- اللہ تعالیٰ کی رحمت بڑی وسیع ہے۔ اس سے کبھی مایوس نہیں ہونا چاہیئے۔ اسلام میں جانوروں پر رحم کرنا بھی بہت بڑے ثواب کا کام ہے ؛

---

٦٧ **حضرت ابن عمرؓ** روایت کرتے ہیں۔ کہ رسول کریم صلی اللہ علیہ وسلم نے فرمایا کہ ایک عورت ایک بلی کی وجہ سے عذاب کی مستحق قرار پائی۔ اس نے اس بلی کو بند کر دیا تھا۔ (اور اس کے کھانے پینے کا خیال نہ رکھا) وہ بلی بھوک پیاس سے مر گئی۔ پس اس کی وجہ سے وہ عورت آگ کے عذاب میں داخل کی گئی ؛ (الادب المفرد)

تشریح :- جب جانوروں تک کو ناجائز اذیت پہنچانا جرم ہے

تو انسانوں کو نا واجب دُکھ پہنچانا اللہ تعالیٰ کی کتنی ناراضگی کا باعث ہوگا۔

---

۶۸ حضرت ابوہریرہ رضی اللہ عنہ سے روایت ہے کہ نبی کریم صلی اللہ علیہ وسلم نے فرمایا کہ اے مسلمان عورتو! اے مسلمان عورتو! کوئی پڑوسن اپنی پڑوسن کو تحفہ دینے یا لینے میں کسی چیز کو حقیر نہ گردانے خواہ بکری کا پایہ ہی ہو۔ (الادب المفرد)

تشریح:۔ اس حدیث میں عورتوں کو تحفہ دینے کی ترغیب بھی دی گئی ہے۔ اور تحفہ کی تحقیر کرنے سے منع بھی فرمایا گیا ہے کیونکہ ایسی نکتہ چینی جو دراصل مخفی کبر پر مبنی ہوتی ہے۔ تعلقات کو خراب کرنے کے علاوہ اخلاق کے لئے بھی تباہ کن ہے۔

---

۶۹ حضرت عطاء رضی اللہ عنہ بن ابی رباح روایت کرتے ہیں کہ مجھ سے ایک دفعہ حضرت عبداللہ ابن عباس رضی اللہ عنہ نے فرمایا کہ کیا میں آپ کو ایک جنتی عورت دکھاؤں؟ میں نے کہا ہاں ضرور دکھائیں۔ انہوں نے فرمایا کہ یہ سیاہ فام عورت (جو تمہارے سامنے ہے) رسول کریم صلی اللہ علیہ وسلم کے پاس آئی تھی اور

عرض کیا کہ مجھے مرگی کا دورہ پڑتا ہے اور اس سے میرا جسم ننگا ہو جاتا ہے۔ آپ اللہ تعالیٰ سے میرے لئے دُعا فرماویں۔ (کہ اللہ تعالیٰ مجھے اس بیماری سے نجات عطا فرمائے۔) آنحضرت صلی اللہ علیہ وسلم نے فرمایا کہ اگر تم صبر کر سکو تو تمہیں جنت ملے گی۔ اور اگر چاہو تو میں تمہاری صحت وعافیت کے لئے اللہ تعالیٰ سے دُعا کرتا ہوں۔ اس خاتون نے عرض کیا۔ یارسول اللہ! میں صبر کروں گی۔ مگر چونکہ اس دورہ کے وقت میرا جسم ننگا ہو جاتا ہے تو آپ اتنی دُعا فرما دیں کہ میرا جسم ننگا نہ ہُوا کرے اس پر حضورؐ نے اس کے لئے یہ دُعا فرمائی۔

(بخاری ومسلم)

تشریح:۔ عام مسلمان خواتین کے ایمان اور یقین اور صبر کا یہ دلکش نمونہ اُن کی شان کو بہت بلند ثابت کرتا ہے۔

۷۰

حضرت انس رضؓ:۔ سے روایت ہے کہ ایک دفعہ سرورِ کائنات صلی اللہ علیہ وسلم ایک عورت کے پاس سے گزرے جو ایک قبر کے پاس بیٹھی واویلا کر رہی تھی۔ آپؐ نے فرمایا کہ اے عورت! تقویٰ اختیار کر اور صبر سے کام لے۔ اس عورت نے آنحضرت

صلی اللہ علیہ وسلم کو پہچانا نہیں اور جوش میں کہہ دیا کہ آپ اپنا رستہ لیں۔ آپ پر کب میرے جیسی مصیبت پڑی ہے۔ بعد میں اُسے بتایا گیا کہ یہ تو آنحضرت صلی اللہ علیہ وسلم تھے۔ تب وہ آنحضرت صلے اللہ علیہ وسلم کے دروازہ پر آئی۔ دربان موجود نہ تھے۔ اندر جا کر کہنے لگی۔ یا رسولؐ اللہ! میں آپؐ کو پہچان نہ سکی تھی۔ (میں اب صبر کرتی ہوں) حضورؐ نے فرمایا کہ اصل صبر تو صدمہ کے پہلے دھکے پر ہوتا ہے۔

(بخاری و مسلم)

تشریح:۔ اسلامی تعلیم کے مطابق حقیقی صبر یہی ہے کہ جزع فزع سے رُکتے ہوئے ابتدا سے ہی صبر کیا جائے لیکن آنکھوں میں آنسو آنا اور دل کا غمگین ہونا ایک طبعی امر ہے جو صبر کے منافی نہیں۔ اور ماؤں کے لئے بچوں کی وفات پر صبر کرنا تو بڑے اجر کا موجب ہے۔

---

(۱۷) حضرت سہل رضؓ سے روایت ہے۔ کہ ایک عورت رسول خدا صلی اللہ علیہ وسلم کے پاس ایک بُنی ہوئی چادر لائی۔ اور عرض کیا کہ یا رسولؐ اللہ! میں نے یہ چادر اپنے ہاتھوں سے بُنی ہے تاکہ حضور کی خدمت میں پہننے کے لئے پیش کروں۔ حضورؐ نے اس تحفہ کو قبول فرمایا اور حضورؐ کو اُس وقت اُس کی ضرورت

بھی تھی۔ جب حضورؐ گھر سے باہر ہمارے پاس آئے تو وہ چادر آپؐ نے تہ بند کے طور پر باندھی ہوئی تھی۔ ایک شخص نے کہا کہ یہ چادر بہت خوشنما ہے حضور یہ مجھے دے دیں۔ آپؐ نے فرمایا۔ بہت اچھا۔ تھوڑی دیر حضورؐ مجلس میں تشریف فرما رہے۔ پھر واپس اندرون خانہ گئے اور اس چادر کو تہ کرکے اُس شخص کے پاس بھجوایا لوگوں نے اُس شخص سے کہا کہ تم نے یہ اچھا نہیں کیا۔ آنحضرت صلی اللہ علیہ وسلم نے اپنی ضرورت کے ماتحت اس چادر کو پہنا تھا۔ مگر تم نے حضورؐ سے اسے مانگ لیا حالانکہ تم کو بخوبی معلوم ہے کہ رسول کریم صلی اللہ علیہ وسلم کسی کے سوال کو ردّ نہیں فرماتے۔ اس شخص نے کہا کہ میں نے اِس چادر کو یوں پہننے کے لئے نہیں مانگا۔ بلکہ اس لئے مانگا ہے۔ تاکہ یہ میرا کفن بنے۔ حضرت سہلؓ راوی کہتے ہیں کہ واقعی وہ چادر اُس شخص کا کفن بنی تھی۔ (بخاری)

تشریح:۔ اس حدیث سے رسول مقبول صلی اللہ علیہ وسلم کے بلند اخلاق، صحابہ کا آپؐ سے والہانہ عشق اور اس مومن خاتون کی حضورؐ سے دلی عقیدت کا ثبوت ملتا ہے

---

(۷۲) **حضرت ربیعؓ**:۔ بنت معوذ سے روایت

ہے کہ ہم مستورات آنحضرت صلی اللہ علیہ وسلم کی معیت میں جنگوں میں شریک ہوا کرتی تھیں ہم لڑنے والوں کو پانی پلاتی تھیں اور اُن کی خدمت کرتی تھیں۔ نیز ہم زخمیوں اور شہیدوں کو مدینہ لیجایا کرتی تھیں ÷ (بخاری)

تشریح:۔ صحابیات کا یہ عملی اُسوہ اُمت کی خواتین کے لئے بہترین رہنما ہے۔ اسلام عورتوں کو اُنکے مناسب حال ہر خدمت اور ترقی کا موقع دیتا ہے۔ جنگ کے وقت قوم کے ہر فرد کو اپنی طاقت کے مطابق حصہ لینا چاہیئے۔ اور صحابیات اِس خدمت میں کسی سے پیچھے نہیں تھیں ÷

---

(۴۳) **حضرت انسؓ** سے روایت ہے۔ کہ جنگ اُحد کے دن مَیں نے حضرت عائشہ رضی اللہ عنہا اور حضرت اُمّ سلیمؓ رضی اللہ عنہا کو (میدانِ جنگ میں) دیکھا۔ وہ خوب چوکس اور ہوشیار ہو کر اِدھر اُدھر بھاگتی پھرتی تھیں۔ ان کی پنڈلیوں کی پازیب مجھے نظر آتی تھیں۔ وہ اپنی پیٹھوں پر پانی سے بھرے ہوئے مشکیزے اُٹھا کر لاتی تھیں اور لوگوں کے مونہوں میں اُنڈیل کر اُنہیں خالی کرکے لیجاتی تھیں۔ پھر بھر کر لاتیں اور لوگوں کو پانی پلاتی تھیں ÷ (بخاری)

تشریح :- حضرت عائشہ رضؓ اور دیگر مسلمان خواتین کے جذبۂ خدمت اور میدان جنگ میں بہادری اور جرأت پر یہ حدیث ایک عمدہ دلیل ہے۔

---

(۷۴) حضرت عمر رضؓ سے روایت ہے کہ انہوں نے ایک مرتبہ (اپنے عہد خلافت میں) مدینہ کی عورتوں کے لئے کچھ عمدہ قسم کی چادریں تقسیم کیں۔ اُن میں سے ایک چادر بچ گئی۔ اس مجلس میں سے بعض نے آپ رضؓ سے کہا کہ یہ چادر آنحضرت صلی اللہ علیہ وسلم کی نواسی کو دے دیں۔ جو آپ کے گھر میں ہیں۔ یعنی یہ چادر حضرت اُمِ کلثوم بنت حضرت علی رضی اللہ عنہا کو دیدیں (جو حضرت عمر رضؓ کے عقد میں تھیں)۔ حضرت عمر رضؓ نے فرمایا کہ اس چادر کی زیادہ حقدار ام سلیط ہیں۔ یہ ایک انصاری خاتون تھیں جس نے آنحضرت صلی اللہ علیہ وسلم کے ہاتھ پر (ابتدائی ایام میں) بیعت کی تھی حضرت عمر رضؓ نے فرمایا کہ وہ جنگ اُحد کے دن ہمارے لئے پانی کے مشکیزے اُٹھا اُٹھا کر لایا کرتی تھیں۔ (بخاری)

تشریح :- اس حدیث سے صحابی عورتوں کے جنگوں میں شرکت کرنے کے مضمون کے علاوہ یہ امر بھی ثابت

ہے کہ خلفاء کرام مسلمان عورتوں کی اِن خدمات کو اُن کی فضیلت کا موجب قرار دیتے تھے۔

۷۵

حضرت جابرؓ روایت کرتے ہیں۔ کہ نبی کریم صلی اللہ علیہ وسلم حضرت اُمّ السائبؓ کے ہاں گئے۔ وہ اُس وقت کانپ رہی تھیں حضورؐ نے دریافت فرمایا کہ آپ کو کیا ہوا ہے؟ اُنہوں نے کہا۔ بخار ہے، خدا اسے رُسوا کرے۔ حضورؐ نے فرمایا۔ بخار کو بُرا مت کہو۔ یہ تو مومنوں کی خطاؤں کو اس طرح دُور کر دیتا ہے جس طرح کہ آگ کی بھٹی لوہے کے مَیل کو دور کر دیتی ہے۔

(الادب المفرد)

تشریح:- اِس حدیث سے ثابت ہے کہ آنحضرت صلی اللہ علیہ وسلم بیمار خواتین کی عیادت بھی فرماتے تھے۔ مزید یہ مسئلہ ثابت ہوا کہ بیماری کو گالی دینا منع ہے۔ بیماریاں مومنوں کے لئے کفارہ ہو جاتی ہیں۔

۷۶

حضرت محمودؓ بن لبید سے روایت ہے کہ غزوۂ احزاب یعنی خندق کی لڑائی میں جب حضرت سعدؓ کے بازو کی رگ میں زخم آیا اور اُن کی حالت تشویشناک ہو گئی تو اُنہیں مدینہ

میں رفیدہ نامی عورت کے پاس رکھا گیا۔ یہ خاتون زخمیوں کا علاج کیا کرتی تھیں۔ آنحضرت صلی اللہ علیہ وسلم جب صبح و شام اُدھر جاتے تو حضرت سعدؓ سے اُن کا حال دریافت فرماتے اور وہ حضورؐ کو اپنی حالت سے اطلاع دیتے۔

(الادب المفرد)

تشریح:- اس حدیث سے ثابت ہے۔ کہ صحابہ رضی اللہ عنہم کے زمانہ میں عورتیں بھی زخمیوں کا علاج کیا کرتی تھیں بلکہ بعض تو اِس کام میں مُردوں سے بھی زیادہ ماہر خیال کی جاتی تھیں۔

---

۷۷ **حضرت ابن عمرؓ** روایت کرتے ہیں کہ آنحضرت صلی اللہ علیہ وسلم کے زمانہ میں ایک عورت کسی لڑائی میں مقتول پائی گئی۔ آنحضرت صلی اللہ علیہ وسلم نے اسے بہت ناپسند فرمایا اور جنگ میں عورتوں اور بچوّں کے قتل کرنے کو منع فرمایا۔

(بخاری)

تشریح:- اسلام جنگ میں جنگجُو مردوں کو تو قتل کرنے کی اجازت دیتا ہے اور اسکے بغیر چارہ نہیں۔ لیکن عورتوں اور بچوّں کو مارنے کی اجازت نہیں دیتا۔ سوائے اس کے کہ کسی عورت نے کسی مسلمان کو قتل کیا ہو۔

---

۷۸ **حضرت عبداللہ** ابن عباسؓ سے مروی

ہے کہ نبی کریم صلی اللہ علیہ وسلم نے فرمایا کہ مجھے کشف میں دوزخ دکھایا گیا۔ اس میں زیادہ تر عورتیں تھیں جو بوجہ اپنے کفر کے دوزخ میں ڈالی گئی تھیں۔ عرض کیا گیا کہ کیا وہ اللہ کا زیادہ کفر کرتی ہیں۔ فرمایا وہ خاوند اور احسان کی ناقدری کرتی ہیں۔ جو کفرانِ نعمت ہے۔ خواہ تم ایک لمبا زمانہ ایک عورت کے ساتھ حسنِ سلوک کرتے رہو، لیکن جب اُسے تمہاری ایک بات بھی خلاف مرضی نظر آ ئے گی تو فوراً کہہ دیگی کہ میں نے تو تم سے کبھی کوئی بھلائی نہیں دیکھی ٭ (بخاری)

تشریح:- یہ عورت کی عام فطرتی کمزوری کا ذکر ہے مگر ایمان اور اخلاقِ فاضلہ اس قسم کی کمزوریوں کو ڈھانپ لیتے ہیں۔ بہرحال ناشکرگزاری اللہ تعالیٰ کو پسند نہیں معمولی معمولی باتوں پر احسان فراموشی یا نکتہ چینی کی عادت بہت بُری چیز ہے اور مومن عورتوں کو اس معاملہ میں خاص طور پر محتاط رہنا چاہیئے ٭

---

(۷۹) **حضرت اُمِّ سلمہ رضؓ** روایت کرتی ہیں۔ کہ ایک رات رسول مقبول صلی اللہ علیہ وسلم سو کر بیدار ہوئے اور فرمایا۔ سبحان اللہ! آج کی رات کتنے فتنے اُتارے گئے اور کتنے رحمت کے خزانے کھولے گئے!! ان کمروں میں سونے

والی عورتوں کو جگا دو۔ (تا اِس خاص وقت میں دُعا اور عبادت کریں) دُنیا میں بہت سی عمدہ عمدہ لباس پہننے والی عورتیں آخرت میں لباس سے محروم ہو جائینگی۔ (بخاری)

تشریح:۔ اسلام میں اجر و ثواب کے لحاظ سے مرد و عورت برابر ہیں۔ لیکن اُس حدیث میں عورتوں کی تہجد کی نماز اور سحری کے وقت کی دُعا کے لئے خاص ارشاد فرمایا ہے اور چونکہ لباس کی خوبصورتی عورت کی فطری خواہش ہے اس لئے اس لحاظ سے اُسے آخرت کے عمدہ لباس کے حصول کی طرف توجہ دلائی گئی ہے۔ یقیناً وہ گھر بڑا ہی بابرکت ہے جس کی عورتیں تہجد کی زینت سے آراستہ ہیں۔

---

۸۰ حضرت عائشہ رضؓ سے روایت ہے۔ فرمایا کہ رسول کریم صلی اللہ علیہ وسلم جب مسجد میں فجر کی نماز پڑھاتے تو بہت سی مومن عورتیں بھی چادریں اوڑھے آپؐ کے ساتھ نماز میں شریک ہوتیں۔ پھر وہ خواتین گھروں کو واپس جاتیں اور (اندھیرے کی وجہ سے) کوئی اُن کو پہچان نہ سکتا تھا۔ (بخاری)

تشریح:۔ اِس حدیث سے ایک تو یہ بات ثابت ہوتی ہے کہ آنحضرت صلی اللہ علیہ وسلم نماز فجر پہلے وقت میں پڑھاتے تھے۔ دوسری بات یہ ثابت ہے کہ بہت سی صحابیات

بھی مسجد میں باجماعت نماز میں شریک ہوا کرتی تھیں۔ مگر عورتوں کے لئے یہ حکم ہے کہ وہ الگ صف بنا کر کھڑی ہوں اور پردہ کا التزام رکھیں۔

---

(۸۱) حضرت بُسرؓ سے روایت ہے۔ کہ رسول اللہ صلی اللہ علیہ وسلم نے عورتوں سے فرمایا۔ کہ جب تم میں سے کوئی عشاء کی نماز کے لئے مسجد میں آئے تو خوشبو لگا کر نہ آئے۔ (الموطا امام مالک)

تشریح:۔ گھروں میں عورتوں کے لئے خوشبو کا استعمال پسندیدہ ہے۔ مگر جہاں مردوں کے اجتماع میں اُن کی شرکت کا سوال ہو وہاں خوشبو لگا کر آنا منع ہے۔

---

(۸۲) حضرت اسماءؓ سے مروی ہے کہ مجھے رسول پاک صلی اللہ علیہ وسلم نے فرمایا کہ تم اپنے مال کو گرہ دیکر بند نہ کرو (اور خدا کی راہ میں خرچ کرتی رہو) ورنہ تم پر بھی بابِ رحمت بند کر دیا جائیگا۔ (بخاری)

تشریح:۔ مالدار خواتین کو حضور علیہ السلام محتاج و مساکین پر خرچ کرنے کی ہمیشہ تلقین فرماتے تھے۔ اور خدا کا قانون بھی یہی ہے۔ کہ جو شخص خدا کی طرف سے ایک

نعمت پاتا ہے مگر پھر اُسے خالق و مخلوق کی راہ میں خرچ نہیں کرتا وہ بالآخر اُس نعمت سے محروم کر دیا جاتا ہے۔

(۸۳) حضرت عائشہ رضی اللہ عنہا روایت کرتی ہیں کہ میں نے ایک دفعہ آنحضرت صلی اللہ علیہ وسلم سے عرض کیا کہ یا رسول اللہ! ہمارے خیال میں موجودہ جہاد یعنی تلوار سے دفاعِ اسلام، اِس وقت سب سے افضل عمل ہے۔ کیا ہم عورتیں بھی یہ جہاد کریں؟ حضور علیہ الصلوٰۃ والسلام نے فرمایا۔ نہیں۔ تمہارا بہترین جہاد نیکی کے طریق پر حج ادا کرنا ہے۔ (بخاری)

تشریح:۔ عام حالات میں صحابیات کو عملی لڑائی میں حصہ لینے سے منع کیا گیا۔ لیکن وہ جنگ کے دوسرے کام (مثلاً زخمیوں کی مرہم پٹی کرنا۔ اُنکے لئے پانی فراہم کرنا وغیرہ) بجالاتی تھیں۔ اور عورتوں کے لئے حج میں بہترین جہاد کا ثواب ہے۔

(۸۴) حضرت عائشہ رضی اللہ عنہا سے مروی ہے کہ رسول مقبول صلی اللہ علیہ وسلم زندگی بھر رمضان کے آخری عشرہ میں اعتکاف فرماتے

تھے۔ آپؐ کی وفات کے بعد آپؐ کی بیویوں نے بھی اعتکاف کیا۔ (بخاری)

تشریح:۔ اعتکاف (مسجد میں ذکر الٰہی اور عبادت کے لئے ڈیرہ لگا لینا) رمضان المبارک کی خاص عبادتوں میں سے ہے۔ مردوں کی طرح صحابی عورتیں بھی اِس عبادت کو بجالاتی تھیں۔

---

(۸۵) حضرت انسؓ سے روایت ہے کہ ایک مرتبہ رسول مقبول صلی اللہ علیہ وسلم نے انصار کے بچوں اور عورتوں کو ایک شادی سے اکٹھے آتے دیکھا حضورؐ انہیں دیکھ کر سرو قد کھڑے ہو گئے اور اُن سے تین دفعہ فرمایا کہ تم لوگ مجھے نہایت درجہ عزیز ہو۔ (بخاری)

تشریح:۔ آنحضرت صلی اللہ علیہ وسلم کا اِس طرح انصار بچوں اور عورتوں کی خوشی میں شریک ہونا اُن کے جذبات محبت کو موجزن کرنے والا تھا۔ اور اس حدیث میں اس بات کا بھی اشارہ ملتا ہے۔ کہ آنحضرت صلی اللہ علیہ وسلم عورتوں اور بچوں کو قومی ترقی میں کس قدر دخیل خیال فرماتے تھے۔

---

(۸۶) حضرت اسماءؓ بنت یزید سے مروی

ہے۔ کہ ایک دفعہ ہم چند عورتوں کے پاس سے رسول پاک صلی اللہ علیہ وسلم گزرے تو آپؐ نے ہمیں (خود پہل کر کے) السلام علیکم کہا۔

(بخاری)

تشریح:- مرد عورتوں کو اور عورتیں مردوں کو السّلام علیکم کہا کریں۔ یہی سُنّتِ نبوی ہے۔

۸۷

حضرت انسؓ فرماتے ہیں کہ رسولؐ مقبول صلی اللہ علیہ وسلم حضرت اُمِ حرامؓ بنت ملحان کے ہاں آتے تو وہ کھانا پیش کرتیں۔ حضرت اُمِ حرام حضرت عبادہ بن الصامت کی اہلیہ تھیں۔ ایک دفعہ انہوں نے حضور علیہ السلام کو کھانا کھلایا اور حضورؐ کے سر کو سہلانے لگیں۔ آنحضرت صلی اللہ علیہ وسلم سو گئے اور پھر (ایک خواب کے نظارہ پر) خوش ہو کر مسکراتے ہوئے بیدار ہوئے۔

(الادب المفرد)

تشریح:- صحابیات آنحضرت صلی اللہ علیہ وسلم کی بیٹیوں کی طرح تھیں۔ وہ شوق سے حضور علیہ السلام کی خدمت بجا لاتی تھیں۔ رسولؐ مقبول صلی اللہ علیہ وسلم نے اِس خواب میں صحابہؓ کو سمندروں پر فاتحانہ سفر کرتے ہوئے دیکھا تھا۔ اور اُمّ حرامؓ کو بھی ان کے ہمراہ دیکھا تھا۔ اس شان و شوکت کے نظارہ پر آپؐ بیداری کے وقت بھی خوش تھے۔

۸۸

حضرت عائشہ رضؓ سے روایت ہے کہ ایک دفعہ حضور علیہ السلام اندرون خانہ تشریف لائے۔ اس وقت میرے پاس ایک عورت تھی۔ حضورؐ نے دریافت فرمایا کہ یہ کون ہیں؟ حضرت عائشہ رضؓ فرماتی ہیں۔ کہ میں نے عرض کیا۔ فلاں خاتون ہیں اپنی لمبی نمازوں کا ذکر کر رہی ہیں۔ حضور علیہ السّلام نے فرمایا خبردار! ہوشیار ہو کر رہو اور اپنی طاقت کے مطابق عبادت اختیار کرو۔ یقیناً اللہ تعالیٰ اجر دینے سے نہیں اکتاتا جبتک کہ تم خود کثرت عبادت سے اکتا نہ جاؤ۔ خدا کے نزدیک محبوب ترین عبادت وہ ہے جس پر عبادت گذار دوام اختیار کر سکے۔ (بخاری)

تشریح:۔ عبادات میں بھی میانہ روی اختیار کرنا ضروری ہے۔ اور یہ خواہش ہرگز پسندیدہ نہیں کہ ہماری لمبی لمبی نمازوں کا چرچا ہو۔ بعض اوقات حد سے زیادہ ریاضت جسمانی اور روحانی دونو نقصانوں کا موجب ہو جاتی ہے۔

۸۹

حضرت انس رضؓ روایت کرتے ہیں۔ کہ ایک دفعہ آنحضرت صلی اللہ علیہ وسلم مسجد میں داخل ہوئے تو آپؐ نے دو ستونوں کے درمیان ایک

ایک رسّی بندھی ہوئی دیکھکر پُوچھا کہ یہ رسّی کیسی ہے؟ لوگوں نے بتایا کہ یہ حضرت زینب رضی اللہ عنہا کی رسّی ہے جب وہ نماز پڑھتے پڑھتے رات کو تھک جاتی ہیں تو اِس کا سہارا لے لیتی ہیں۔ آنحضرت صلی اللہ علیہ وسلم نے فرمایا کہ اس رسّی کو کھول دو۔ ہر شخص اپنی رغبت کے مطابق نماز پڑھے اور جب کوفت محسوس کرے تو سو جائے۔

(مُسلِم)

تشریح:- عبادات میں غلو کرنا اور غیر طبعی طریق اختیار کرنا مردوں اور عورتوں سب کے لئے ممنوع ہے۔ اسلام انسان کے نفس کے حق کو بھی غصب نہیں کرنا چاہتا۔

---

(۹۰) حضرت ابوہریرہ رضؓ سے مروی ہے کہ ایک عورت رسول مقبول صلی اللہ علیہ وسلم کے پاس آئی۔ اور اُس نے عرض کیا کہ یارسولؐ اللہ! ہم عورتیں حضورؐ کی (مردانہ) مجلس میں حضورؐ کی باتیں سُننے پر قادر نہیں حضورؐ ہمارے لئے کوئی مخصوص دن مقرر فرمائیں۔ جس میں ہم حضورؐ کے پاس آئیں اور حضورؐ کی نصیحت سُن لیں۔ آپؐ نے فرمایا کہ میں تم عورتوں کے (وعظ کے) لئے فلاں شخص کا گھر مقرر کرتا ہوں۔ پھر حضورؐ اس وعدہ کے

مطابق تشریف لائے اور وعظ فرمایا۔ جس میں یہ بھی فرمایا کہ تم میں سے اگر کسی عورت کے تین بچے فوت ہو جائیں اور وہ اللہ کے لئے صبر کرے تو وہ خدا کے فضل سے ضرور جنت میں جائے گی اس پر ایک عورت نے عرض کیا کہ یارسولؐ اللہ اگر کسی عورت کے دو بچے فوت ہوئے ہوں؟ حضورؐ نے فرمایا۔ ہاں جس کے دو بچے فوت ہوں اور وہ صبر کرے تو وہ بھی جنت میں داخل ہوگی۔

(الادب المفرد)

تشریح:۔ اس حدیث سے پتہ لگتا ہے۔ کہ صحابیات کو بھی دینی تعلیم کے حاصل کرنے کا کتنا شوق تھا اور آنحضرت صلی اللہ علیہ وسلم نے اُن کے لئے ایک مخصوص وقت مقرر فرمایا تھا۔ نیز اس حدیث سے صبر اور رضا بالقضا کے بھاری اجر کا اندازہ ہوتا ہے۔

---

(۹۱) **حضرت علقمہ رضؓ** اپنی والدہ صاحبہ سے روایت کرتے ہیں کہ مدینہ میں بچے ولادت کے بعد حضرت عائشہ رضی اللہ عنہا کے پاس لائے جاتے تھے اور آپؓ اُن کے لئے برکت کی دُعا فرماتی تھیں ایک بچہ لایا گیا۔ جب (دُعا کے بعد) حضرت عائشہ رضؓ اُس کا تکیہ رکھنے لگیں تو دیکھا کہ بچہ کے سر کے نیچے

ایک اُسترا پڑا ہے۔ حضرت عائشہ رضؓ نے ان لوگوں سے اسکے متعلق پوچھا تو انہوں نے کہا کہ ہم یہ جنوں سے بچانے کے لئے رکھتے ہیں۔ حضرت عائشہ رضؓ نے اُسترا اُٹھا کر پرے پھینکدیا اور اُنہیں آئندہ ایسا کرنے سے روک دیا۔ اور فرمایا کہ رسول کریم صلی اللہ علیہ وسلم بدشگونی کو ناپسند کرتے تھے اور اس سے ناراض ہوتے تھے۔ (الادب المفرد)

تشریح:- بچہ کی ولادت پر بزرگوں سے دُعا کرانا صحابہ رضؓ کا طریق ہے۔ لیکن ٹونے ٹوٹکے کرنا خلاف اسلام ہے۔ مومن وہم کا شکار نہیں ہوتا۔

---

(۹۲) حضرت انس رضؓ سے روایت ہے کہ آنحضرت صلی اللہ علیہ وسلم کی وفات کے بعد حضرت ابوبکر رضؓ نے حضرت عمر رضؓ سے کہا آؤ ذرا حضرت ام ایمن رضؓ کی زیارت کر آئیں۔ جس طرح رسول مقبول صلی اللہ علیہ وسلم اُنکی زیارت کیا کرتے تھے۔ جب وہ دونو حضرت اُمّ ایمن کے پاس پہنچے تو وہ رو پڑیں انہوں نے کہا۔ آپ کیوں روتی ہیں۔ کیا آپکو معلوم نہیں کہ آنحضرت صلی اللہ علیہ وسلم کے لئے اللہ تعالٰی کے ہاں اس دُنیا سے بہتر مقام ہے تو پھر آپکو رونا کس وجہ سے آتا ہے؟ اُنہوں نے جواب دیا کہ میں اسلئے تو نہیں روتی کہ

مجھے معلوم نہیں کہ آنحضرت صلی اللہ علیہ وسلم کیلئے اللہ تعالیٰ کے ہاں بہتر درجہ حاصل ہے بلکہ میں تو اِس خیال سے روتی ہوں کہ اب وہ وحی جو حضور علیہ السلام پر نازل ہوا کرتی تھی (اور ہم اسے آپؐ کی زبان مبارک سے سنتے تھے) منقطع ہوگئی ہے۔ حضرت اُمّ ایمن رضؓ کے اِن الفاظ سے حضرت ابوبکر رضؓ اور حضرت عمر رضؓ کے دل بھی بھر آئے اور وہ بھی رونے لگے:

(مسلم)

تشریح:۔ حضرت اُمّ ایمن رضؓ آنحضرت صلی اللہ علیہ وسلم کے آزاد کردہ غلام اور مقرب صحابی حضرت زیدؓ کی بیوی اور حضرت اُسامہ رضؓ کی والدہ تھیں۔ اور آنحضرت صلی اللہ علیہ وسلم اُنکی دلداری کیلئے اُنکے گھر جایا کرتے تھے بعض عمر رسیدہ عورتوں کی امداد کیلئے گاہے گاہے اُنکے گھروں پر جاکر حالات معلوم کرنا بھی مسنون ہے۔ اس حدیث سے یہ بھی پتہ لگا کہ وحی کے نزول کے زمانہ کی برکات کا تصور بعد میں صحابہ رضؓ اور صحابیات کو کس طرح بےچین کردیتا تھا۔ بعد میں آنیوالے نئے لوگ اِس نعمت کی پوری قدر نہیں جانتے۔ حضرت ابوبکر رضؓ نے آنحضرت صلی اللہ علیہ وسلم کے طریق کی پوری نیابت فرمائی ہے۔

---

(۹۳) حضرت ابوموسیٰ اشعریؓ سے مروی ہے کہ رسولِ خدا صلی اللہ علیہ وسلم نے فرمایا کہ ریشم

اور سونے کا پہننا میری اُمت کے مردوں کے لئے حرام کیا گیا ہے مگر اُن کی عورتوں کے لئے انکا پہننا حلال ہے۔ (ترمذی)

تشریح:۔ اسلام مردوں سے جس جفاکشی کا مطالبہ کرتا ہے اور جس قسم کی زندگی اُن سے متوقع ہے۔ اس کے پیش نظر ریشم اور سونے کا استعمال ان کے لئے ممنوع ہونا لازمی تھا۔ مگر عورتوں کی زندگی کے بعض پہلو یقیناً ناقص رہتے اگر اُن کے لئے بھی ریشم اور سونا حرام کیا جاتا۔

---

۹۴ حضرت ابن عباس رضؓ سے روایت ہے کہ انہوں نے آنحضرت صلی اللہ علیہ وسلم کو یہ فرماتے سُنا کہ کوئی مرد کسی غیر محرم عورت سے تنہائی میں علیحدہ ہو کر نہ ملے بجز اسکے کہ اُس عورت کا کوئی محرم مرد اسکے ہمراہ ہو۔ نیز کوئی عورت بغیر محرم مرد کے سفر نہ کرے۔ (بخاری)

تشریح:۔ سفر و حضر میں عورت کی عزت و حرمت کی حفاظت لازمی ہے اور اسلام میں اسکا انتہائی خیال رکھا گیا ہے۔

---

۹۵ حضرت اُسامہ رضؓ سے مروی ہے کہ نبی کریم صلے اللہ علیہ وسلم نے فرمایا کہ آئندہ میرے بعد دنیا میں مردوں کیلئے عورتوں کے فتنہ سے بڑھ کر کوئی اور فتنہ نہ ہوگا۔ (بخاری)

تشریح:۔ یہ گویا آخری زمانہ کے متعلق ایک پیشگوئی تھی۔ فی الواقع اس زمانہ میں بے اصول مردوں کے لئے اِس سے بڑا فتنہ اور کوئی نہیں۔ خدا مسلمان مردوں اور عورتوں دونوں کو توفیق دے کہ وہ اس فتنہ کا مقابلہ کر سکیں۔

(۹۶) حضرت ابوبکرؓ کہتے ہیں کہ جنگ جمل کے موقع پر (جو حضرت علیؓ اور حضرت عائشہؓ کے درمیان ہوئی تھی) جبکہ میں اصحاب الجمل کے ساتھ مل کر جنگ میں شریک ہونے کے قریب تھا مجھے اللہ تعالیٰ نے اُس بات سے بہت فائدہ پہنچایا جو میں نے آنحضرت صلی اللہ علیہ وسلم سے سُن رکھی تھی۔ اور وہ یہ کہ جب حضور علیہ السلام کو یہ اطلاع ملی کہ ایرانیوں نے کسریٰ کی بیٹی کو اپنا بادشاہ مقرر کر لیا ہے تو آپؐ نے فرمایا کہ وہ لوگ ہرگز کامیاب نہیں ہوسکتے جنہوں نے اپنی حکومت کی باگ ڈور ایک عورت کے سُپرد کر دی ہے۔

(بخاری)

تشریح:۔ سیاست اور جنگ وجدال دراصل مرد کا دائرہ عمل ہے۔ کیونکہ قدرت نے کمال حکمت سے مرد وعورت دونو کے کام تقسیم کر رکھے ہیں۔ مگر اس حدیث کا یہ مطلب بھی نہیں کہ کوئی عورت کسی انتظامی کام پر مقرر ہی نہیں ہوسکتی۔ بلکہ مطلب یہ ہے کہ میدان سیاست میں انتہائی ذمہ داری کے عہدہ کو کامیابی کے ساتھ سرانجام دینا مردوں ہی کا کام ہے اور پھر جس طرح بعض کام مردوں کے ساتھ مخصوص ہیں اور اُن میں عورت زیادہ کامیاب نہیں ہوسکتی اسی طرح بعض کام عورتوں کے ساتھ مخصوص ہیں جن میں مرد کبھی بھی عورتوں جیسی کامیابی حاصل نہیں کر سکتے۔

---

(۹۷) حضرت بُریدہؓ روایت کرتے ہیں کہ رسول خدا صلی اللہ علیہ وسلم نے فرمایا کہ مجاہدین کی بیویوں کی عزت وحرمت پیچھے رہنے والوں پر انکی اپنی ماؤں کی عزت وحرمت کی طرح واجب ہے۔ (مسلم)

تشریح:۔ مجاہد کی بیوی کے احترام کیلئے یہ ایک نہایت تاکیدی

حکم ہے۔ اور اِس بارے میں خیانت کرنیوالا سخت سزا کا مستوجب ہے۔ اور دراصل مجاہد بھی پوری تسلی کے ساتھ اُسی وقت جہاد کرسکتا ہے۔ جب اُسے یہ تسلی ہو کہ میرے پیچھے میرے گھر کی عزت ایک آہنی قلعہ کی طرح محفوظ ہے ؛

---

۹۸ حضرت عقبہ رضؓ سے روایت ہے کہ رسول اللہ صلے اللہ علیہ وسلم نے فرمایا کہ لوگو! غیر محرم عورتوں کے پاس تنہائی میں مت جایا کرو۔ ایک انصاری شخص نے عرض کیا کہ خاوند کے قریبی رشتہ دار مردوں کے متعلق کیا ارشاد ہے۔ فرمایا کہ وہ تو موت ہیں ؛ (بخاری و مسلم)

تشریح:۔ شارحین نے لکھا ہے کہ حمو کے معنی ہیں۔ قریب الزوج کاخیہ وابن اخیہ وابن عمہ" یعنی خاوند کے قریبی رشتہ دار مثلاً بھائی، بھتیجا اور چچیرا بھائی مراد ہیں۔ اور ان کے موت ہونے سے یا تو یہ مراد ہے۔ کہ موت کی طرح ان کے گھر میں آنے جانے سے چارہ ہی نہیں۔ اور یا یہ مراد ہے کہ ایسے قریبی مرد رشتہ دار کا اپنی غیر محرم عورت رشتہ داروں کے پاس علیحدہ گھر میں آنا تو اور بھی زیادہ خطرناک ہے۔ بہرحال اسلام کے نزدیک ہر بیماری کا بہترین علاج حفظ ماتقدم ہے ؛

---

۹۹ حضرت ابو ہریرہ رضؓ سے روایت ہے کہ رسول خدا صلے اللہ علیہ وسلم نے فرمایا کہ بیوہ کا نکاح اسکی صریح اجازت کے بغیر نہ کیا جائے اور کنواری کا رشتہ اُس سے پوچھنے کے بغیر نہیں ہونا چاہیئے صحابہؓ نے عرض کیا کہ یارسولؐ اللہ! کنواری کی اجازت کس طرح سمجھی جائے کیونکہ وہ تو بالعموم مُنہ سے بولیگی نہیں؟ حضور علیہ السلام

نے فرمایا اُسکا خاموش رہنا ہی اسکی طرف سے اجازت سمجھا جائیگا ۔ (بخاری)

تشریح:- ازدواجی زندگی کی کامیابی چونکہ میاں بیوی کے اتحاد پر مبنی ہے اسلئے اسلام نے شادی میں طرفین کی رضامندی لازمی قرار دی ہے۔ عورت کی اجازت کے بغیر اُس کا نکاح نہیں کیا جا سکتا ۔

۱۰۰

حضرت کثیر رضؓ بن عبید سے مروی ہے کہ حضرت عائشہ رضی اللہ عنہا کے خاندان میں جب کوئی بچہ پیدا ہوتا تو آپ رضؓ یہ نہ دریافت فرماتی تھیں کہ لڑکا ہے یا لڑکی ۔ بلکہ آپ رضؓ صرف یہ پوچھا کرتی تھیں کہ کیا بچہ صحیح و سالم اور تندرست پیدا ہُوا ہے ؟ جب یہ بتایا جاتا کہ ہاں بچہ تندرست اور سالم پیدا ہوا ہے تو (قطع نظر اسکے کہ وہ لڑکی ہے یا لڑکا) آپ رضؓ فرماتیں۔ الحمد للہ رب العالمین ۔ (الادب المفرد)

تشریح:- حضرت عائشہ رضی اللہ عنہا کا یہ طریق ہی صحیح مومنانہ طریق ہے۔ لڑکا بہتر ہے یا لڑکی ۔ یہ پردۂ غیب کی بات ہے جسے صرف خدا ہی جانتا ہے۔ دونو اسکی نعمتیں ہیں اور مومن کا کام ہے کہ وہ اللہ تعالیٰ کی ہر نعمت پر الحمد للہ رب العالمین پکار اُٹھے اور نعمت کی قدر کرکے اسے مفید ترین وجود بنانے کی کوشش کرے

وَاٰخِرُ دَعْوٰىنَا اَنِ الْحَمْدُ لِلّٰهِ رَبِّ الْعٰلَمِيْنَ

دین کی اساسی معلومات پر مبنی ایک اہم کتابچہ

دین، عقیدہ اور انسانی عقل

مولف : علامہ ناصر الدین البانی

بین الاقوامی ایڈیشن منظر عام پر آچکا ہے